温州市文史研究馆馆刊

Wenzhou Culture & History

ISSUE/ 02 第二集

温州市文史研究馆 编

文匯出版社

目　录

CONTENTS

专题

前辈风雅

东瓯史谭

文化纵横

艺术天地

瓯江山水诗路

2018年6月，浙江省委、省政府印发《浙江省大花园建设行动计划》，提出以水系（古道）为纽带，建设大运河诗路、钱塘江诗路、浙东唐诗之路和瓯江山水诗路“四条诗路”文化带，打造全省大花园建设的标志性工程。

温州是中国山水诗发祥地，是瓯江山水诗路的核心区，也是浙东唐诗之路的南翼干线，是全省诗路文化带大环形的南部枢纽。这里历史悠久、文化底蕴深厚、旅游资源丰富，打造瓯江山水诗路条件得天独厚。近年来有关部门紧紧围绕省有关部署，积极进行调研，摸家底，找差距，制订规划，深入研究，推广开发，取得了一定的成效。

2021年5月28日，温州瓯江山水诗路文化带建设动员大会召开，动员部署市域内瓯江山水诗路文化带建设未来三年目标任务和年度重点工作。

可以说，瓯江山水诗路是我们近段时间文化工作的一个关键词。所以，本集专题刊发相关文章五篇，有调研报告，有问题探索，以此抛砖引玉，推动温州瓯江山水诗路建设工作。

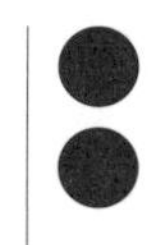

关于瓯江山水诗路文化带建设的调研报告

◎温州市政协调研组

开展“瓯江山水诗路文化带建设”专题协商是温州市政协 2021 年履职重点和“请你来协商”的重要内容之一。市政协文化文史和学习委组建了由市政协委员、文史专家组成的专题调研组，于 2021 月年 6 至 8 月在徐有平副主席带领下，先后赴鹿城、乐清、永嘉及绍兴、丽水等地调研，采取实地调查、座谈、听取情况介绍、讨论面商等多种形式，深入了解情况。现将调研情况报告如下：

一、调研考察情况

（一）我市瓯江山水诗路文化带建设进展情况

我市高度重视瓯江山水诗路文化带建设，工作开局良好，并取得了一定的成效。一是完成顶层设计。2021 年 6 月市政府出台《温州瓯江山水诗路建设三年行动计划（2021—2023)》，建立了完整的目标和工作体系。二是建立工作机制。成立由市长任组长、相关领导任副组长的推进瓯江山水诗路建设工作领导小组，下设综合协调、文化研究、交通串“珠”、文化产业推进、数字建设五个小组，统筹推进政策制定、项目建设、考核评估等工作。三是推进项目建设。谋划推进文化景观类、文化研究类、文旅活动类，着力打造江心孤屿、雁荡山、温瑞塘河等十二个重点区块。建成了五马历史文化街区、全省首家数字诗路 e 站永嘉 IP 体验中心等项目，积极推进江心屿改造提升。四是落实要素保障。加大财政要素保障力度，安排诗路文化带建设资金，积极争取省诗路文化带建设专项资金。组建首批温州瓯江山水诗路智库联盟、中国山水诗研究中心。五是加强文旅融合。举办瓯海青灯市集等创意市集活动，开展瓯江山水诗主题文旅项目资本对接活动、诗路 IP 开发推进活动暨楠溪江文化旅游节、温州国际时尚文化产业博览会等一系列诗路主题活动。

（二）绍兴、丽水等地的考察启示

一是研究先行，为诗路建设提供理论支撑。如绍兴市新昌县

1991 年率先提出“唐诗之路”概念，持续二十年研究不辍；成立诗路研究中心，核定事业编制五名，每年投入一百万用于诗路专著出版，定期举办国际学术会议及研讨活动等。扎实的研究，推动新昌成为“浙东唐诗之路”首倡地和诗路上的精华地段。二是多维推进，促进诗路资源的有效转化。如绍兴市从“空中、山间、陆路、水上、云端”五个维度入手，构筑起直升机、自驾、高铁、快客、船运、网络多维呈现的立体空间，实现文旅深度融合，促进诗路资源转化。三是通力合作，实现诗路文化的共建共享。新昌、天台、柯桥、嵊州等沿线八地结成浙东唐诗之路联盟，在信息互通、文化旅游研究等方面开展密切合作。

二、存在问题

（一）推进不够快速。省市两级快速推进，县（市、区）推进不平衡，如永嘉县起步较快，个别县（市、区）推进力度、重视程度不够。有些同志认识仍停留在文旅融合的层面，工作站位不高。工作机制有待完善，特别是诗路建设涉及多点多地，需要协调联动。如与丽水市的合作，如何在近年交流合作的基础上，衔接更密、融合更深，

江心屿是瓯江山水诗路一个重要节点

是当前迫切需要研究和解决的问题。

（二）研究有待深化。近年来我市在山水诗和谢灵运研究方面取得了一些成果，但对瓯江山水诗路的研究起步不久，对瓯江山水诗的历史发展脉络、诗人行迹路线、诗路文化遗存分布等，缺乏系统性考证梳理和标志性成果，也缺乏有影响力的高规格会议和有影响力的代表性领军人物。

（三）基础仍显薄弱。诗路文化相关的历史村落、文物遗迹、文字史实资料等文化遗存在近年旧城（村）改造的过程中，有不同程度的破坏和遗失，这给诗路文化价值的有效挖掘和保护利用带来一定困难。此外，目前来看，在诗路文化带建设中政府参与度相对较高，社会、市场则偏冷，内生动力尚不足。在建设推进过程中，也普遍存在专业人才缺乏的问题。

（四）品牌有待提炼。近年来各地在城市建设、全域旅游、美丽乡村建设等项目实施过程中植入了不少山水诗的元素，但是从打造“瓯江山水诗路文化带”的角度来看，重点不够突出，亮点不够耀眼，特色不够鲜明，尚未形成高规格、有分量的文化品牌，中国山水诗发祥地、永嘉学派发源地、南戏故里等文化品牌影响力有待提升。

（五）优势转化不明显。瓯江山水诗路资源优势尚未有效转化成产业优势、产品优势。山水诗文化探寻、主题景点、主题民宿等旅游项目数量不多，山水诗相关文创产品开发数量不多、质量不高、系统性不够，推动文化价值向经济价值转化效果不明显。

（六）宣传推广不足。总体上看，瓯江山水诗路文化带建设的讨论和思考仍主要集中在市县两级的宣传、发改、文广旅等少数部门以及部分领导和少数专家学者层面，市民知晓度、参与度还不够，对内对外知名度仍需提升。

三、对策建议

瓯江山水诗路作为全省四条诗路文化带之一，也是浙南唯一一条，文化底蕴深厚。市委十二届十二次全会明确提出，要着力把瓯江山水诗路文化带建设成为全省诗路标杆。要充分利用中国山水诗发祥地的先天条件，将其打造成一条串联秀美风光、展示文化自信的诗路，成为“诗画浙江”最好的一张金名片，成为中国山水诗路最佳旅游目的地。为此建议：

（一）认识再提高，形成齐抓共建新格局。一是提高工作站位。各级党委政府要从打造高质量发展建设共同富裕示范区市域样板的高度，以瓯江山水诗路文化带建设作为温州新一轮文化提振和高质量发展的重大契机，通过文化带的建设带动地方经济社会发展，促进群众自信自强，绘就“诗路源头在温州、诗路发展看温州”的美好图景。二是健全工作机制。推进瓯江山水诗路建设工作领导小组要切实发挥作用，督促指导相关部门和各县（市、区）抓紧制订本地本部门的行动计划和重点项目的实施方案，明确责任分工，加快工作推进。同时进一步建立年度工作推进会机制、清单化推进机制、创新推广机制和绩效评价指标体系，定期对诗路建设重点工作、重点任务、政策落实情况进行专项检查和进度通报。三是加强协同合作。对内，加强统筹和联动，整合人财物、数据资源，举全市之力建设有代表性的重点项目；对外，主动实施“温丽一体化”战略，加快签署两地瓯江山水诗路合作共建战略协议，积极推动共同谋划、整合资源、联动宣传、合作研究等，打造诗路共同体。

（二）研究再深化，构建山水诗路话语权。深化研究，进一步奠定温州作为中国山水诗发祥地的地位，确定瓯江山水诗路在浙江四条诗路中的重要位置。一是构建理论体系。进一步研究明确瓯江山水诗路的概念和基本内涵，研究温州在瓯江山水诗路及中国山水诗的作用和地位，编纂学术研究论文集和诗路历代作品集，建立起完整的理论体系。二是梳理历史文脉。对温州魏晋南北朝时的行旅山水诗、宋朝田园风光山水诗、明清带有家国情怀的山水诗和以“一代词宗”夏承焘为代表的现当代学者诗词、著述等进行系统研究，仔细梳理山水诗在温州的历史传承脉络。三是深化谢灵运研究。建议联合国内知名高校，携手丽水、绍兴甚至江西临川等地，进一步深化山水诗鼻祖谢灵运的综合研究，包括诗人生平、诗文本意、在温行踪、旧有景观、社会文化等，进一步厘清谢灵运在温州踪迹及相关问题。

（三）**基础再巩固，增强工作运行保障力。**夯实瓯江山水诗路文化带建设的基础，强化各项保障，确保工作顺利推进。一是实施文物保护行动。进一步摸排核实瓯江山水诗路陆路、水路沿线文物遗存，可通过遥感技术、无人机、文献收集等方式，全面摸清家底，建立数据库和三维数字图景。加强对诗路沿线文物保护单位（点）的保护、修缮和开发，可参照绍兴对古桥整体打包建群的形式，对文物进行分类保护。二是加强人才队伍建设。进一步加强历史文化研究、艺术创作和文化创意策划等方面的人才队伍建设，积极培育领军人物，加快中青年人才特别是本土人才的培养。加快推进中国山水诗研究中心的实体化运作，畅通瓯江山水诗路智库联盟专家参与诗路建设的路径，切实发挥作用。三是鼓励民间力量参与。制定优惠政策，鼓励艺术家、文人、学者群体参与瓯江山水诗路文化带建设，鼓励举办文化品味高雅、生活气息浓郁的艺术展览活动，吸引更多的社会力量、资金参与博物馆、文化创意园等建设。

（四）**特色再挖掘，打造诗意栖居精华地。**在当前全域性、全方位推进瓯江山水诗路文化带建设的过程中，要突出重点，集中力量打造瓯江山水诗路精华地。一是精心建设诗路核心地段，增加诗路亮

公园路改造搭设戏台，推广南戏文化

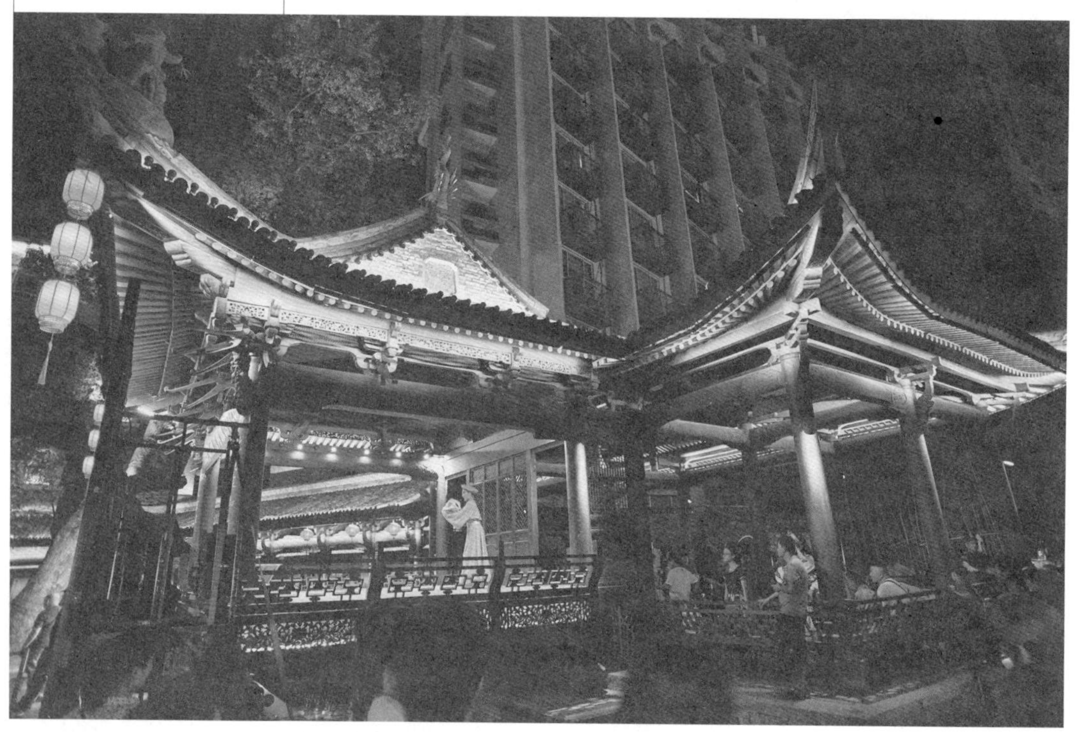

色。瓯江温州段沿线是山水诗的历史起源地段，人文景观丰富，名家诗作众多，是瓯江山水诗路文化带的核心地段。建议重点打造以瓯江主干道为横轴，以楠溪江和温瑞塘河为纵轴，再辅以雁荡山、大罗山等名山，以江心屿为中心点的大圆圈，彰显瓯越文化的包容开放与自成一体。二是倾力打造山水特色景观，凸显诗路本色。我市山水资源丰富多元，优势和特色明显，应进一步梳理历史地理山脉走向和水流资源分布，挖掘自然风光的美学、文化价值。重点谋划“名山秀水”工程，如做好“山水斗城”文章，以温州城内诸山为依托，打造不同的主题公园，多层次、多方位展示城市文化；做好塘河、三垟湿地的景观规划，与城市的历史文化和谐相融；提升以雁荡山和楠溪江为代表的山脉和水系的文化内涵。三是深入挖掘永嘉学派内涵，厚实文化底色。与“温州学”、永嘉学派研究相结合，以山水诗为载体，以历史文化名人为依托，打造开放式的精神家园。建议尽快明确选址，高标准建设永嘉学派文化公园、南戏文化园；系统谋划名人故居保护和名人博物馆建设，分层分类推进历史文化街区和传统村落建设。

（五）文化再赋能，形成产业发展新优势。加快推动诗路文化内涵的深化、价值符号的物化和创意设计成果的市场转化，使之成为可触摸、可互动、可消费的产品。一是深化文旅融合。建设以山水诗为主题的景点景观，推出山水诗路观光旅游、休闲体验等系列旅游线路，策划“相约温州，畅游诗路”等活动，引导开发诗路文化主题的餐厅和客栈民宿。适时启动“山水惠民”工程，最大限度地实现山水资源的共有、共建、共享。二是加强文创开发。举办瓯江山水诗路文化创意大赛、山水诗路文化旅游商品（非遗作品）展等活动，汇聚创意设计资源，培育创意设计人才，促进研学用紧密结合。鼓励创作山水诗主题的流行歌曲、动漫等衍生品，开发与山水诗相关的文化产品，并植入城市礼品与旅游伴手礼，全方位擦亮山水诗发源地的 IP。三是系统谋划产业发展。把瓯江山水诗路文化带建设融入美丽大花园、乡村振兴等总体战略部署，在更高的平台上谋划重大文化产业项目、文化创意街区。开展“诗画温州”“诗画村镇”等创建活动，打造“山水社区”新概念，使山水诗与人居、生活、业态相结合，与民宿、新型房地产等产业相对接。

（六）推广再加码，提升文化温州影响力。实施诗路文化“出江计划”，让诗路文化走出温州，走向全国，甚至辐射东亚文化圈。一是打造全媒体矩阵。统一策划系列“诗路故事”，依托主流媒体平台，联动相关新媒体一起发力，通过体验、共情、故事化的方式，促进瓯江山水诗路文化的普及、口碑营造与二次传播。二是建设“数字诗路”。加快建设“瓯江山水诗路”数字文旅平台，统一对外门户网站，推出微信公众服务号，集成信息发布、地图服务、景点和住宿餐饮信息查询与预定、咨询与投诉等游客服务功能，实现“一部手机”即可行走瓯江。三是强化主题宣传。培育以瓯江山水诗为主题的节庆盛会，可结合我市各地现有的旅游文化节庆活动，错时举办，形成持续不断的节庆氛围。创立“中国山水诗词大会”，举办高规格、高质量的国际山水诗论坛，联合相关国家和城市发起“东亚海上诗路”文化交流活动，不断提升“中国山水诗发祥地”的全球知名度和美誉度。四是做好活态传承。精选代表性诗人的诗歌，编纂通俗易懂的作品赏析和解读，向学校和社会普及推广。设立有影响力的瓯江山水原创诗歌比赛，催生更多的当代诗歌精品。举办诗路文化巡回展、研学、主题沙龙等，将诗路文化所体现的情感表述转化为社会共同的价值取向，服务当下，服务发展。

『诗』不仅仅是诗，『路』也不仅仅是路

◎温州大学瓯江山水诗路文化带建设规划课题组

2021 年 5 月 28 日温州瓯江山水诗路文化带建设动员大会召开，动员部署市域内瓯江山水诗路文化带建设未来三年目标任务和年度重点工作。市委书记陈伟俊在批示中指出，各地各部门要加强顶层设计、用好系统思维，深入实施三年行动计划，围绕“千年古城、山水诗源、田园乡情、永嘉之学、百工百艺、红色浙南”六大主题，打磨特色、彰显特质，打造一条具有辨识度的文化高峰带、引领现代化的美丽发展带、探索共同富裕的先行示范带，使之成为文化高地建设的标志性成果。

至此，温州大学瓯江山水诗路文化带建设规划课题组受温州市发改委的委托，历时四年，对温州瓯江山水诗路的现实基础、文化底蕴进行了细致的梳理，并经过多次实地调研、部门座谈、会议研讨、资料汇集，最终完成了《温州山水诗路文化带发展规划》和《温州瓯江山水诗路建设三年行动计划（2021—2023）》

一、梳理家底：万种诗情

2018 年 6 月，浙江省委、省政府印发《浙江省大花园建设行动计划》，提出以水系（古道）为纽带，建设大运河诗路、钱塘江诗路、浙东唐诗之路和瓯江山水诗路“四条诗路”文化带，打造全省大花园建设的标志性工程。

温州是瓯江山水诗路的核心区，也是浙东唐诗之路的南翼干线，是全省诗路文化带大环形的南部枢纽。探寻温州历史脉络，瓯越文化源远流长。

温州自古以来就是浙南地区政治、经济、文化中心。曾是古东瓯国的国都，汉惠帝三年（前 192），建立东瓯王国。东晋明帝太宁元年（323），建立永嘉郡，地域文化在不断发展演变中形成了独特的格调。耕读之风的盛行，学术思想的争鸣，文学艺术的发达，工商业的繁荣，对外贸易的昌隆，铸就温州文化的多元化和包容性。

近代以来，在中西文化的冲撞下，温州文化更拓展视域，打破樊篱，吸纳外来文化精华为我所用，产生了重大的变革并有了新的发展。鲜明的地域性和兼容的开放性赋予温州文化以特殊的风貌，也塑造了温州人积极进取、创新求变的精神品质。

雁山瓯水孕育万种诗情，诗风雅韵滋养千年古城。作为中国山水诗的发祥地，温州境内二雁耸峙，三江争流，平原河网纵横，沿海岛屿密布，气候温暖，环境优美，是一块适合“诗意栖居”的乐土。

山水资源得天独厚。温州境内横亘着瓯江、飞云江、鳌江三大水系及洞宫、括苍、雁荡等山脉，奇山秀水，有“东瓯山水甲寰宇”（明张治诗）、“永嘉山水窟”（清李桓诗）等称誉之词。温州的生态环境保护良好，拥有国家级生态县（区）三个，省级生态县（区）三个，国家森林公园、国家级自然保护区（包括国家级海洋自然保护区、国家级海洋特别保护区）等“国”字号保护区八处。温州拥有丰富的观光旅游资源，旅游景区面积占全市土地面积的四分之一，包括三个国家级风景名胜区、八个省级风景名胜区，曾被评为中国优秀旅游城市。

山水诗史一脉相承。南朝宋永初三年（422），被誉为“中国山水诗鼻祖”的谢灵运出任永嘉太守。谢灵运在任期间遍游温州全境，所著《游名山志》中，记录温州名山水 12 处。在他留存至今的山水诗中，写于温州的有二十多首，占总量一半以上。谢灵运的温州山水诗篇，开创了中国山水诗的先河。谢灵运之后，前来寻幽访胜的文人墨客络绎不绝，留下了大量的诗词歌咏。本土的诗家从南宋的“永嘉四灵”诗派，到明清的“雁山七贤”“城南五子”“市井七才子”等群体，再到二十世纪的慎社、瓯社、戊社、甲社等诗词社团，徜徉于家乡的山水之间，此唱彼和，使温州山水诗在谢灵运之后迎来一个又一个高峰。瓯越诗风，至今绵延，乐清市、瓯海区分别获得“中华诗词之乡”和“浙江省诗词之乡”的称号，瑞安是中国诗词教育基地，文成县则被授予“中国诗歌之乡”的称号。

瓯越文化底蕴厚重。温州是永嘉禅宗的祖庭，永嘉学派的发源地。中国最早见于著录的窑口——瓯窑，在这里点燃熊熊炉火，烧造出深具质朴之美的缥瓷。中国最早成熟的民族戏曲形式——南戏，

雁荡山留下许多诗人的作品

在这里登台首秀，并远播四方，唱彻神州大地。南宋思想史上与朱熹理学、陆九渊心学鼎足而立的永嘉学派，在这里生根发芽、开花结果，其倡导的义利并举、经世致用思想使温州在上世纪成为中国民营经济的发祥地，改革开放的先行区。在这片奇山异水间，驺摇、玄觉、王十朋、叶适、高则诚、刘伯温、张璁、孙诒让、郑振铎、夏承焘、夏鼐、姜立夫、苏步青、谷超豪等人杰辈出，群星璀璨，浓郁的地域色彩和独特的精神品质，生动地阐释了人文创造与自然环境的关系。

文化遗产丰富多彩。历史悠久的温州，拥有年代序列完整、类型齐全的文物古迹和种类繁多、风格独特、充满地域色彩的非物质文化遗产。温州是国家历史文化名城，拥有中国历史文化名镇两处、中国历史文化名村 4 处、中国传统村落 29 处；省级历史文化名城两处、历史文化街区六处、历史文化名镇九处、历史文化名村 16 处，省级传统村落 63 处。国家级文物保护单位（保护点）29 处，省级文物保护单位（保护点）114 处。温州博物馆馆藏文物 5 万余件。全市普查古建筑 6354 处，近现代重要史迹及代表性建筑 1993 处。温州的非物质文化遗产项目数量名列全省前茅，其中国家级非物质文化遗产 34 项，省级非物质文化遗产 145 项；永嘉昆曲、乐清细纹刻纸、泰顺编梁木拱桥营造技艺、瑞安东源木活字印刷术等四个项目被列为人类非物质文化遗产。

民间资本积极活跃。温州是中国民营经济的发祥地，改革开放四十年来，经济高速发展，积累了雄厚的民间资本，这是温州独具的优势。在温州，集资造城镇（龙港农民城），集资建机场（龙湾国际机场），集资修铁路（金温铁路），集资办大学（温州大学），民间资本的身影处处可见。温州民营企业和广大温商积极参与新时代“两个健康”先行区创建和“温商回归”工程，大力推动资本、人才、技术、项目等全面回归，是温州续写创新史、再创新辉煌的中坚力量。近年来，民间资本加快布局文旅产业，各类民间博物馆、文化创意园、农业观光园、乡村民宿旅游等如雨后春笋般涌现，呈现出良好的发展态势。

二、问题何在：四大不足

建设瓯江山水诗路文化带是一项长期、系统的综合工程，需要政府主动引导，社会力量积极参与，统筹规划，统一部署，分工协作，才能将诗路文化带建成人文带、旅游带、产业带、生态带、惠民带。但考察温州现状，还存在不少问题。

基础研究不足。“中国山水诗发祥地”是温州的一块金字招牌，但外界知之甚少。1991 年和 2001 年，我市曾先后举办过两次谢灵运国际学术研讨会，此后近二十年，虽整理出版过一些相关诗选和研究专著，但总体而言，对温州山水诗尚缺乏系统、全面的研究，缺少标志性的成果。研究的现状也是“纸”面研究多，“路”面研究少。对山水诗的历史发展脉络、诗人行迹路线、诗路文化遗存分布等缺乏权威性、系统性的考证梳理。

统筹协调不足。山水诗路文化研究与发展缺少统一协调推进机制，不同区域、部门、机构之间沟通交流少、信息共享不足，各自为政进行规划发展、研究学术、开展活动等，缺乏整体性、系统性和协调性，以致资源分散，不成规模，没有形成合力，难以串“珠”成“链”。

品牌塑造不足。“中国山水诗发祥地”是温州的金名片，但缺少形式多样、层次丰富的载体，缺少核心项目支撑，重点不突出，亮点不耀眼，特色不鲜明。由于缺乏精品意识，近年来各地围绕山水诗文化推出的活动，往往热闹有余，品位不足，难以形成高规格、有分量的文化品牌。

文旅融合不足。一方面，对山水历史文化价值的强调偏向于静态保护，局限于文献研究或文学研究，未充分落实到山水实体上，未与生态建设、旅游观光等有效结合。另一方面，旅游开发缺乏对历史文化传统的保护，甚至对部分历史文化遗产造成破坏。在诗与远方、历史与现实、文化观照与生活审美之间的融合仍有欠缺。

三、解决路径：串“珠”成“链”

山水诗路建设不仅要回望历史，更重要的是观照当下。我们应以建设温州人的美好家园为目标，深入山水，巡礼诗路，归纳出千年古城、山水诗源、田园乡情、永嘉之学、百工百艺、红色浙南等六大文化主题，擦亮诗路古村、文化名山、人文水脉、诗意古道、文化遗址公园、名城古镇、文化产业平台、海岛公园等八大类诗路“珍珠”，串“珠”成“链”，凝练彰显“灵秀瓯江，山水诗源”的文化内涵。

推进文脉串“珠”。系统开展瓯江山水诗路文化挖掘研究。成立中国山水诗研究中心，建设全国山水诗研究访问学者基地。加强对温州诗学、戏剧、书法、绘画、音乐、谱牒、民俗、陶瓷等专门史的研究，举办国内、国际温州山水诗路学术研讨会，编纂出版《谢灵运研究资料汇编》《温州山水诗总集》《瓯江山水诗路作家作品研究》等温州山水诗路文化系列丛书。对接国内外优秀导演团队，谋划创作诗路山水实景演出项目，打造诗路文化演艺核心品牌；鼓励古城、古镇、古村和4A级以上景区积极打造文化演艺节目，展现传统戏曲、音乐、舞蹈、民俗等独具地方魅力的非遗项目。加强图书馆、文化馆、博物馆、美术馆、非遗馆、文化驿站、故居旧址、宗族祠堂、名胜古迹和社科普及基地等设施建设，整合建设一批诗路文化普及基地。

推进交通串“珠”。依托港口、海岛和航空小镇建设，推进温州龙湾国际机场设施与服务提升，进一步提高状元岙国际深水港码

美丽的楠溪江给诗人灵感

头配套服务水平，完善国际邮轮航线，打造海上旅游线路和空中旅游线路，实施“海上看温州”和“空中看温州”的旅游提升工程。进一步完善高铁、机场、高速公路和市域公共交通的联网接驳，规划实施“景区道路最后一公里”工程，将雁荡山、中雁、西雁、南雁以及楠溪江、寨寮溪、玉苍山、铜铃山、百丈漈等景区串联在一起，打造具有瓯越文化韵味的名胜风景道。依托瓯江、楠溪江、温瑞塘河、飞云江、鳌江等诗路骨干水道，保障航道通航能力，实施景观功能提升，规划好瓯江—楠溪江、温瑞塘河—瑞平塘河等一批精华人文水道，充分展现水道作为古代交通和诗路文化主要载体的历史风貌。以自然人文景观和休闲设施为节点，推动诗路绿道规划和建设，打造滨水慢行绿道和骑行绿道，形成串联城乡的游憩、休闲、绿色的开放空间。合理有序开发古道资源，串联和整合沿线古镇、古村及文物古迹等，修筑古朴画风古道系统。

推进游线串“珠”。依托谢灵运行迹、景观资源、非遗技艺和红色资源，谋划“谢客寻踪”山水诗源水上游船观光游线、“古艺寻踪”山水研学游游线、“耕读溯源”山村古居康养慢游游线等，打造十条有影响力的精华旅游线路。依托温州作为“山水斗城”的历史文化底蕴，做好“名城”旅游大文章。将“山”（老城区郭公、海坛、华盖、积谷、松台五山，景山、吹台山、大罗山等)、“屿”（江心屿)、“城”（华盖山城墙遗址、朔门城墙遗址、谯楼遗址等)、“街”（历史文化街区及历史建筑)、“井”（二十八宿井)、“馆”（名人纪念馆、专题博物馆、公共文化服务场馆等)、“食”（以瓯菜为主的特色美食）等资源加以串联整合，形成以集中展示温州历史文化为目的的古城游线。

推进数字串“珠”。结合全省“数字诗路”平台建设，打造一批文物古迹影像、文化声音等数字博物馆，实现诗路文化基础数据和资料的数字化展示。以江心屿、雁荡山、楠溪江 VR 版虚拟仿真软件开发为抓手,加快建设以数字诗路文化体验馆(园)为中心的“瓯江山水诗路”数字文旅平台，推进数字文化产业研发基地、影视动漫游戏创意人才集聚平台、文旅融合示范基地(乡村文创街区)建设。

总之，瓯江山水诗路建设中的“诗”不仅仅是诗，体现的是瓯越文化;“路”也不仅仅是路，体现的是建设路径。高水平建设瓯江山水诗路文化带，是深入挖掘温州文化底蕴、打造文化高地的牵引工程，以此为抓手，必将持续激扬新时代温州人精神，推动文化事业和文化产业双轮驱动、迭代发展。

温州南宋知州山水诗

◎ 张声和

谢灵运任永嘉太守并始创山水诗之后，瓯江（温州）山水诗路从没间断，是浙江四条诗路中延绵历史最长的一条诗路，其始创性、向往性、延续性、地标性独特，是温州城市最丰富的文化财富。温州地方志中的艺文研究，温州历代的职官延伸考证，总是绕不开山水诗词。诗史是地方史的重要组成部分。温州南宋的诗群尤其强大，士人、学者、仕宦等阶层的存诗尤其丰富。本文试将南宋时期在知温州的官员诗词进行简述，借此说明其山水诗有很大的研究空间。

最爱温州 知州是诗人

温州山水诗始创于南朝，再次兴起于南宋。在南宋，温州知州们的诗词是山水诗的主体之一，是温州城市文化的经典，正如温州山水诗最早源于谢灵运一样。

宋朝的 319 年中，温州到任过 177 位知州，其中北宋 70 位、南宋 107 位 。在高宗一朝中，温州赋有特殊的历史地域，因为这个地方离临安距离比较适中，虽比杭嘉湖地区稍为疏远，但温州在政治上又有特殊的象征意义，“尝驻六龙，觉山川之增壮”，曾是高宗驻跸的城市。在当时的政治斗争中有这样的现象，暂时落败的一方官员出任知州。

从《温州市志》的南宋职官表中发现，在高宗朝重要的官员到温州任职的有：洪拟，高宗时累迁吏部尚书，于绍兴元年自吏部尚书罢为龙图阁学士知温州；韩肖胄，是北宋名相韩琦曾孙，绍兴三年自端明殿学士、同签书枢密院事出知温州，绍兴四年提举宫观，绍兴五年起复签书枢密院事。之前，他的前辈韩彦直（韩世忠之子 ）于淳熙五年知温州，在任上编撰《永嘉橘录》，为世界上第一部柑橘学专著；范宗尹，是宋朝年轻的宰相，史称“近世宰相年少，未有如宗尹者”，于绍兴四年自右仆射、同平章事罢为资政殿学士、知温州；绍兴五年，秦桧知温州；绍兴六年，南宋文学家、词人，南宋四名臣之一李光，以端明殿学士知温州。这些比较重要的官员下放出知温州，给温州带了新的社会资本，也留下珍贵的诗词。

宋代地方实施教授制度，这些州学教授都有仕官与学者的双重身份，诗骨在身，颇具才情，在历史上很有名望，更有几位知州是有状元出身、宗室身份，还有翰林编修经历的，在任时编纂了地方志，均为儒官。他们为地方行政长官，并且是掌管教育文化的重要官员。温州的好山好水，激扬了他们的诗情，他们诗词研究具有很大的空间。温州《弘治府志》卷八所载，从周行己到余鹏飞，宋代教授有71位，按年份顺序排列，分别是：周行己、刘伯温、刘达夫、郭愈、陈安上、钱观复、刘士英、张铢、吴秉信、薛璇、张希元、叶绂、虞仲琳、王宾、王伯益、钱丰、史浩、徐时举、李知自、莫冲、刘夙、刘朔、张揆、王盼、李冰、王信、楼钥、徐嘉言、徐峻、曾炎、尚朴、陈绅、孙琏、陈纪、李梦符、邓约礼、缪景仁、蒋惟晓、留祺、钱厚、徐凤、黄匀、陈垓、吕殊、林圃、梁致恭、姜容、郑可复、叶之瑞、高梦月、王声叔、彭有来、陈雷、黄履、韩禾、周備、彭彝甫、孙附凤、陈淳伯、刘口口、姚会之、彭曾、练必庆、朱应象、沈震孙、蒋世真、赵笙芳、陈牧、朱升、丘尧章、余鹏飞。

爱恨交集 诗风的形成

南宋是社会动荡的年代，但温州却被赋予了"诗和远方"之义。

南宋前期是剑与火、血与泪的时代，朝廷中的战与和、战与降的斗争不曾止息。南宋的中晚期，温州由于地处战事的"远方"，"诗环境"相对平和，外地来温州做官的知州在这里执政、生活、交往、作诗，留下诗情诗话诗迹。我们今天研究温州的南宋诗词，还有另外一层意义：想要了解温州世俗人心的演变，南宋官员的诗词是最值得关注的，因为这时期是温州发展的关键时期，其坊巷成形、街区规范，便是标志。财富的积累伴随着经济社会的繁荣，这个时期也孕育了"永嘉学派""永嘉文派""永嘉四灵"，山水诗此时也在温州再度集中兴起。

温州南宋官员的诗作，艺术特征丰赡多姿，相当部分内容中透露出年代信息，包含着大量的官员间交往资料和学术见解。当这些知州的行事录和著述已经大量遗失时，诗词还相对有些许保存，存留着研究空间。充满温情的山水诗,留下了官员们深深的温州印记。如他们以竹枝词形式作诗，以温州地名作为诗题，表达了最真切艺术的丰韵，这就是城市最深的印记。他们任职之余，学术之外，在诗中均有侧面的记录。

知州们的山水诗还有温州地方的印记，接受了温州地方“略唐人之所详，详唐人之所略”四灵诗风的影响，也扶持了“四灵诗派”的成长，其中与地方学人唱和的诗作就说明了这一点。知州们对温州诗风的抬爱,也是温州南宋诗词群体和创作蒸蒸日上的重要原因。如楼钥、赵汝鐩、吴泳等知州，属于学者型的诗人，深化和发展了由谢灵运始创的山水诗艺术，兼擅着后谢灵运时代温州的山水田园诗风，诗词创作析理中有说辞、平淡中有冲粹，坚劲中有密栗、瘦峭中有平和。品读历任知州的诗词，诗理精微、炼句剞劂，是一般的地方士人所不能有的境界。近年来，笔者陆续发表的浅浅诗话，试以折射南宋时期温州官员群体的山水诗精彩。

历代整理的遴选官员诗词是有欠缺的，是值得后人进行研究和挖掘的文化项目。如清人整理的《宋诗钞》是宋诗研究的重要参考文献,但只以乾道、淳熙、绍熙、庆元为主的重要诗人被选入,被《宋诗钞》选入者有陈造、王炎、吴儆、周必大、朱熹、范成大、陆游、陈傅良、杨万里、薛季宣、叶适、林光朝、楼钥、赵师秀、翁卷、徐照、徐玑、王阮。《宋诗钞》将温州做知州的诗人遗漏了不少，对温州本土的诗人也收集不全。与温州相关的王十朋、许及之、潘柽、张九成、赵汝鐩、吴泳、洪适、韩元吉、喻良能、周孚、袁说友、曾丰、赵蕃、张镃、韩淲等名诗人，诗作未曾被清代宋诗学者寓目、品鉴、遴选。

浙江省政府列出全省四条诗路，其中瓯江山水诗路是浙江乃至中国历史最悠久的诗路，延绵了一千六百年，南宋官员的山水诗又是继谢灵运之后存量最大诗库，是诗中的精华。丰神俊逸的谢灵运是这些知州们的前任，时间上早了南宋这些官员到任七百年。谢灵运用身体探索永嘉山水，开启了瓯江的诗路传奇，更揭开了中国山水诗的恢宏巨幕。永嘉（温州），从此成为山水诗中最具灵性的符号。南宋的知州们，他们向往谢氏山水诗的始创地，是谢客山水诗的承继人。研究南宋温州知州的山水诗有现实意义。

南宋温州知州山水诗体量大，笔者选择赵汝镃、楼钥、吴泳三位知州的山水诗作为举要。

赵汝镃 体察农情林间港

赵汝镃（1172—1246），字明翁，号野谷，袁州（今江西宜春）人。宋太宗八世孙。宁宗嘉泰二年进士。“最爱是温州”的官员之一。他的官宦生涯中，最后一任出知温州，时为理宗淳祐五年（1245），次年六月“以劳属疾”卒于温州任上，年七十五岁。

赵汝镃在南宋中后期的诗坛上拥有一席之地。我们不将赵汝镃媲美于尤袤、杨万里、范成大、陆游中兴四大家，但综合其山水诗风，他最像温州诗人，与“永嘉四灵”最相近。他在温州的任上，正好是“永嘉四灵”兴起之时。赵汝镃的年龄与“四灵”也相近，与赵师秀（1170—1219）、徐玑（1162—1214），都有诗歌唱和。与福建诗人刘克庄幼年结交，“白首始见其诗”，可见一斑。他后期的山水诗产生于温州农村的阡陌林港，诗中浸润着民生疾苦和风土人情，风貌足以反映南宋温州的田园生活。赵汝镃古体诗学唐代张籍、王建，有《野谷诗稿》传世，存诗三百多首。下面选择其体察农情的一组诗歌：

如《秋夕》中的“窗开月到床”句，虽是“床前明月光”的再版，但这种古诗如同现代语言，浅到寻常百姓家中，亲到平民农人身边：

秋风动梧井，无顿许多凉。
夜静滩喧枕，窗开月到床。
道心便冷淡，世事莫思量。
只被浇花累，朝朝却用忙。

《避暑溪上》的“未约客须先觅酒”句，与赵师秀的《约客》“有约不来过夜半，闲敲棋子落灯花”类似，但整首诗的内容却更加丰富。作为知州，这样的闲情逸致诗是不可多得的：

不堪愚蜗舍如炊，何处清幽可杖藜。
未约客须先觅酒，要寻凉必去临溪，
撑船访洞林间港，坐石吟风柳下堤。
晚网得鱼似湖白，銮刀脍玉捣香齑。

赵汝鐩与赵师秀是好友，有一首《秋日同王显父赵子野何庄叟泛湖赵紫芝继至分韵得秋字》，是与赵师秀等友人的唱和。其中“天净倒涵水，峰高争献秋。风烟入吟笔，箫鼓自邻舟”是山水诗中的好联句：

雨余湖更爽，载酒共清游。
天净倒涵水，峰高争献秋。
风烟入吟笔，箫鼓自邻舟。
堤上诗人过，相邀便肯留。

赵汝鐩曾在辛弃疾幕府中做事，敢于直言，能对性情严峻的稼轩从容规劝。而又生性温和，为人低调，其别墅在城西五里，“亭馆朴素”，不出头露面，“终身无一字半语于郡邑”“仕于袁州者，或自到罢，不识公面”。对于民生疾苦，在他的诗中表现最多，如《耕织叹二首》，直书其事，诗人对农民的生活熟悉，刻画丰收的景象得体，应景而发，用厚重的仄声韵抒情，让人有郁结难伸的感觉。特别是最后的“我身不暖暖他人”句，艺术感染力很强：

春催农工动阡陌，耕犁纷纭牛背血。
种莳已遍复耘耔，久晴渴雨车声发。
往来逻视晓夕忙，香穗垂头秋登场。
一年苦辛今幸熟，壮儿健妇争扫仓。
官输私负索交至，勺合不留但糠秕。
我腹不饱饱他人，终日茅檐愁饿死。

春气熏陶蚕动纸，采桑儿女哄如市。

昼饲夜喂时分盘，扃门谢客谨俗忌。

雪团落架抽茧丝，小姑缫车妇织机。

全家勤劳各有望，翁媪处分将裁衣。

官输私负索交至，尺寸不留但箱笥。

我身不暖暖他人，终日茅檐愁冻死。

赵汝鐩重在乡间人物的描写，山水诗也好，田园诗也好，诗中见人。如“望见人家了，犹须转一坳”（《维舟》）、“村妇抱儿子，笼边教唤鸡”（《信步》）等，是有人有场景的山水田园诗。他也有类似“四灵”一样轻松的田园诗描写，甚至出现比四灵还要休闲的诗句，如《途中》“双燕对一鸣，烟江对山舍”，最后落到“最爱水边数株柳”上：

雨中奔走十来程，风卷云开陡顿晴。

双燕引雏花下教，一鸣唤妇树梢鸣。

烟江远认帆樯影，山舍微闻机杼声。

最爱水边数株柳，翠条浓处两三莺。

《下程》是一首过路记录的山水诗，最后一句饶有风趣：六七岁童子赶着数头牛，“疏篱编马眼，新笋护猫头”衬托着背景，“牧童短笛”的场景呼之欲出。这就是一幅画，甚至比图画还要明白，还要美：

下程疑颇早，店主劝予休。

今晚莫贪路，明朝便到州。

疏篱编马眼，新笋护猫头。

六七岁童子，一人随数牛。

《蚕舍》是农村的时令诗，描写农家养蚕的场景，但经赵汝鐩“点睛”马上活了起来，意思是说，在蚕舍的周围须安静，亲朋都不能近，儿孙也不能哭。若不是赵知州亲临养蚕乡村现场，难有如此准确的表达：

每天蚕时候，村村多闭门。
往来断亲党，啼叫禁儿孙。
不惜兼旬力，将图终岁温。
殷勤马明祝，灯火谨朝昏。

《到农家》是生动描述访贫到农家的画图，勾勒出官家到访的热闹场面，村民是主人，忙乎着掘笋、网鱼、斟酒，亲和力很强，但是到了最后两句却笔锋一转，明白地说出了“对吾泣”，泣出科役之苦，这真是淋漓尽致的农村情感诗：

难得官人到，茅檐且驻车。
自携锄掘笋，更取网求鱼。
一媪来斟酒，诸童竞挽裾。
须臾对吾泣，科役苦追胥。

《春郊》是一首春天农村备耕图，写绿杨、蜂喧、牧童、鸟聒，甚至写出了“家家办农具”这样似乎很现代的语言来，也将农忙雇工的制度给写出来了，这四十个字内容十分丰富：

数点绿杨风，春光是处同。
蜂喧搜蕊癖，鸟闹聒山聋。
联句逢诗友，寻僧问牧童。
家家办农具，准拟试新工。

他的两首《泊舟》诗，意趣不同，前一首的“呼童治茶具，有客扣柴扃”很有动感；后一首的“泽国人千里，暮霞天一方”对仗很工，意境很远，农村很美：

前头无泊处，且住荻花林。
水沸知滩浅，烟蜂花在瓶。
呼童治茶具，有客扣柴扃。
共说山林话，休嗟两鬓星。

舟泊似差早，篙工爱酒坊。
羊群归远陇，柳影恋斜阳。
泽国人千里，暮霞天一方。
茶多不思睡，渔唱听沧浪。

《不眠》是诗人的作诗情绪的自我写照。赵汝鐩作诗很专注，得好句很兴奋，有时为作一首诗到了不眠状态，这二十个字就表达出他欢喜到了自夸的情绪：

刺齿搜新句，濡毫写短笺。
读来疏脱少，欢喜不成眠。

赵汝鐩诗风学杨万里，《访友野外》中的“小童走报余将至，一笑松间倒屣迎”句，是典型的“诚斋体”，山水写得如此活泼也是难得的。他将主人鞋子穿反了写出来，说明友人相迎的热情程度，风趣诙谐的诗风令人笑出声来：

雨意方浓改作晴，杖藜野外访柴荆。
争寻桑叶占蚕熟，退立田塍避犊行。
风过沙平收鸟迹，烟浓寺没但钟声。
小童走报余将至，一笑松间倒屣迎。

赵汝鐩的官职不算低，但他的文人的情趣还是很浓的，谢、陶诗风让他运用得很得体。有些山水诗的描写，淡淡地带出了当时一些“爱恨无力”的基层士人的生活，苦涩之中也充满着乐趣，如《访友人溪居》，有鹤听琴野趣，也有松列翠行的景色，还有苦留夜话的友谊：

数间屋子压溪光，百十乔松列翠行。
鹤为听琴朱顶侧，鸭皆睡日绿头藏。
后园遣仆锄冬笋，隔岸寻僧度野航。
天色黄昏归已晚，苦留夜话对胡床。

《访子益》却反映了一位江湖诗人的破落生活。这位友人诗成之后，却没有一块像样的墙壁能题字，说明生活艰难。可是当留客用饭时，却能豪爽地以白饭配黄鸡来招待客人。这种诗风让人叫绝，短短四十字有如此多的信息：

拣得溪山住，三间草屋低。
坐贫忧酒债，废事悔棋迷。
壁坏何时补，诗成无处题。
留余余戒饮，白饭荐黄鸡。

《刘簿约游廖园》也是一首访客诗，晚春景色，墙高蝶度，客人拍案争棋，书童注汤暖酒，这样的场景正是今天的农家乐的复原、翻版，休闲美学，今古相似：

名园新整顿，樽酒约追随。
春晚花飞少，墙高蝶度迟。
注汤童暖酒，拍案客争棋。
寂寞秋鞑索，无人尽日垂。

赵汝鐩好诗多，诗风似曾相识于四灵，又有所不同，最后我推荐他的一首《读离骚》。他不写对《离骚》的感悟，也不写教训人的警句，却写《离骚》音韵之美，美得让童子屡麾不去，让白鹤中庭倾听，其境真是古人才有：

琅然醉读离骚经，一鹤闻之来中庭。

童子屡麾不肯去，直凑樽前侧顶听。

楼钥 山水诗最像谢灵运

楼钥（1137—1213），字大防，又字启伯，号攻媿主人，明州鄞县（今宁波鄞州区）人。楼璩的三子，有兄长楼锵、楼锡，与袁方、袁燮师事王默、李鸿渐、李若讷、郑锷等人。隆兴元年（1163）进士及第。曾于大定九年（1169），随舅父贺正旦使汪大猷出使金朝。嘉定六年卒，谥宣献。袁燮为楼钥写行状。

楼钥在温州任职时间较长，历官温州教授、乐清知县、温州知州、翰林学士、吏部尚书兼翰林侍讲、资政殿学士、知太平州。存有1384篇诗文。楼钥在古代温州文化圈里很活跃，他留下的诗歌，是研究温州人文的重要文学史料，他的山水诗，是瓯江山水诗中的精华，行文大气，有谢太守之风。

楼钥在雁荡山写下了一首长诗《大龙湫》，记述“龙湫天下无”的景象，并评说谢灵运虽在温州做过太守，可惜没有到过雁荡，留下千年遗恨。又说，李白、杜甫如果复生，到雁荡也会“吟不彻”。他还为雁荡打了好广告，“净洗一生烦恼热”。真是骚人弄词，写尽卓越，全诗两百多字：

北上太行东禹穴，雁荡山中最奇绝。

龙湫一派天下无，万口赞扬同一舌。

行行路入两山间，踏碎苔痕屐将折。

山穷路断脚力尽，始见银河落双阙。

矩罗宴坐看不厌，骚人弄词困搜抉。

谢公千载有遗恨，李杜复生吟不彻。

我游石门称胜地，未信此湫真卓越。

一来气象大不侔，石屏倚天惊鬼设。

飞泉直自天际来，来处益高声益烈。

从他倒泻三峡流，到此谁能定优劣。

雁山佳趣得要领，一日尽游神恶亵。
骊龙高卧唤不应，自愧笔端无电掣。
轮囷萧索湍不怒，非雾非烟亦非雪。
我闻冻雨初霁时，喷去生风散空阔。
更期雨后再来看，净洗一生烦恼热。

在雁荡，楼钥还写了灵峰等景色。《入雁山过双峰》，他将杜甫的登高诗“无边落木萧萧下”、苏轼的庐山诗“不识庐山真面目”大胆借用于雁荡秀气，写出雁山的气势来：

眼前未见古龙湫，望望前山景自幽。
红日一门千嶂晓，翠峰双笋半空秋。
风高落木无边下，气劲闲云逐处收。
要识雁山真面目，直须霜后一来游。

如果说郡守们的诗最相似谢康乐的，当数楼钥，他绣口里吐出山水温州。楼钥《永嘉天庆观》，是比较有气势的温州风土诗，极目东瓯大地，吟赞温瑞风光。其中“斗口横安华盖山”句，写出了温州斗城的风水特色。“东挹江山穷望眼”，写出美好的东南风光尽收眼底的万千气象。从诗意上理解，此诗应写于华盖山。但瑞安桐溪太平山有座天庆观，始建于宋，明、清年间扩建，1985 年曾重修。到底此诗是写这里的风光否，俟考：

斗口横安华盖山，茂林修竹路湾环。
琳宫迥出沧瀛表，羽士如游崑阆间。
东挹江山穷望眼，西临阛阓笑尘寰。
自知去此无多日，著意来寻一饷闲。

《从子澉送梅枝戏作》是楼钥的一首风土诗，他颂扬温州温润气候，年尾还有“带叶红梅殿岁华”的景观，可见他对温州气候风物的爱恋，对“地暖永嘉”的钟情：

向来地暖见东嘉，带叶红梅殿岁华。
不似青春三月暮，南枝梅子北枝花。

地处温州、台州、丽水交界的苍岭，是历代文人、商贾北上必经之道，现成了浙江省十大古道之一。由于地域变动，此古道也在不同时期有不同的辖属。历代多有描述苍岭古道之险的诗歌，如明朝刘基有诗《壬辰八月自台州之永嘉度苍岭》。壬辰（1352）年刘基过苍岭，多有烦心的吐露："哀猿啸天外，去鸟飞更永。仆夫怨跋涉，瘦马悲项领。盗贼逭天诛，平人遘灾眚。伫立盼嵚岑，心乱难为整。"南宋时楼钥的过苍岭，笔下流露的是祟朝之后的好心绪，也可折射出他所当政时温州祥和的社会景象：

崇朝辛苦上孱颜，泥径初平意暂闲。
苍岭东头移野步，眼前便得处州山。
黄云满坞沙田稻，白雪漫山荞菜花。
路人缙云频借问，碧香酒好是谁家。

历代知州（府）中对温州情感很深的，楼钥算是一位。他描写温州物华、风光、名胜、古迹等诗作，"以筋骨思理见胜"，既"潜通暗贯"，又能"新变代雄"，是温州山水诗中经典。他看重温州"素好多士，学者渊源，继岁名流胜士，继踵而出"。他谦卑于永嘉学前辈，范物以躬，出入冠带唯谨，并与永嘉学派人物有很深的交谊。

从治学上论，楼钥又是永嘉之学的"私淑"者，学界认为"楼氏之学实本原于薛（季宣）、陈（傅良）等永嘉诸子"。袁燮曾在楼钥的行状中记载道："公之官永嘉也，闻寺正薛公季宣深于兵略，屡请问焉，乃知兵者古人之常，若乐舞行缀之类，皆兵法也。每言儒不知兵无以应猝，惟讲之有素，则缓急可用。"楼钥自己也说"乾道末年，客受东嘉，始闻其说于毗陵使君薛士隆（薛季宣），而陈君（指陈傅良）又以薛氏所传握机及马隆赞示余"。在楼钥为薛季宣所作的祭文中又称："钥登门最晚，受之独深。"说明楼钥曾经请益于薛季宣，又问学于陈傅良。

因此，楼钥在温州留下人文诗交往诗很多，如《送陈君举舍人东归》是首长诗，“去天真尺五，朝纲赖扶颠”。“春秋隐公传，国史建隆编”，对陈傅良的才气和在朝的影响力大加褒扬：

皇天生人物，千载非偶然。
冲和兼万人，始得一英贤。
夫君乃其人，人一己百千。
飞黄欲追风，况复勤著鞭。
文阵蚤奔放，气欲摩青天。
短褐东海濒，名贯牛斗躔。
闻道更独早，自言若队渊。
出登龙虎榜，径上鹓鹭联。
中闲几流落，清湘穷泝沿。
白首始为郎，一见意已传。
登瀛上麟台，授简游兔园。
擢为柱下史，遂君紫微垣。
去天真尺五，朝纲赖扶颠。
龙楼缺问寝，万口争进言。
惟君最勇决，螭头屡直前。
危言破人胆，三进加勤拳。
天高听亦高，归袂何翩翩。
高风激颓波，同列空惭颜。
君虽未必去，一去胜九迁。
我欲留孔戣，有怀不得专。
况我自欲去，何心挽归船。
嗟我生何为，与君幸齐年。
先后才九日，相与同气然。
几年苦契阔，班心忽差肩。
判花同代庖，君思如涌泉。
上房草数制，下房时一篇。

一篇辄高妙，隗始愧余先。
春秋隐公传，国史建隆编。
周官授大旨，所得俱未全。
聚散不可料，饯别沧江边。
君将处於陵，我耕绵上田。
君行毋疾驱，中途恐传宣。
不然遂成别，孤帆渺风烟。
梦魂不可制，随君堕中川。

陈傅良出守桂阳军时，楼钥有一首《送陈君举守桂阳》为之送别。诗中讲述友谊，并道明自己与陈傅良进士是同科，而陈傅良守桂阳军的这一年，刚好是他们“漫壁题名”后的十五年：

重寻漫壁认题名，十五年来一梦惊。
谁料今朝携客至，却成此地送君行。
桂阳卧治真谈笑，鲁史遗编赖发明。
文定南轩仙去后，湖湘又得一先生。

陈傅良有依韵和诗《和楼大防尚书送行韵》，此诗和得很贴切，“自昔从君瞻马首，如今输我与鸥盟”。从中可以看出，陈傅良此时已经有“鸥盟”之意。最后话锋一转，到底是在朝好还是退隐好，临别时“齐年兄弟”诸无一语：

齐年兄弟又齐名，商略行藏共此生。
自昔从君瞻马首，如今输我与鸥盟。
读书松竹交千载，曳履星辰听五更。
借问塞翁谁得失，诸无一语到留行。

陈傅良去世之后，楼钥写的悼念诗，读之让人肃然起敬：

名盛望尤备，枝披实亦繁。

无由究贤业，犹幸立斯言。
书在经逾显，人亡道更尊。
九京如可作，与子共南辕。

楼钥善于推介温州的山水风光，因为在温州任职的时光，对楼钥来说是刻骨铭心的。他有好几首诗是写给后来到温州为官者的，重点是夸赞温州景象与人文，拿现代人的语言来说，是温州的推荐词。如《送王嘉言守永嘉》，写温州的美好诗句有："江头潮生江月小，暝烟绿暗垂杨道。""永嘉名郡太守尊，灵运后来诗绝少。"他写温州台风灾害时有："去年海水上平地，大风驾浪从天杪。"他感受温州人文的环境诗句有："斋铃静处定得句，不待池塘梦春草。"全诗读下来，无一处空白，是温州文化、风光、民俗的美文，是后谢守的温州诗：

有客扁舟送史君，道傍不怕揶揄笑。
向来一别三换岁，正喜情亲得倾倒。
吏民引颈望旌麾，空有离愁满怀抱。
史君读残万卷书，古事今事俱了了。
便应珥笔侍天陛，不然代言登凤沼。
瀛堧山水久寂寥，为屈朱轓来坐啸。
帢帻峰高旧题咏，赤城所在经行饱。
永嘉名郡太守尊，灵运后来诗绝少。
天作雁荡地为藏，蜡屐穿山未曾到。
改辕却向个中去，更得江山助诗好。
斋铃静处定得句，不待池塘梦春草。
苍生濈濈生鱼头，聚落随波迹如扫。
今年二麦连野秀，田家扶犁事秔稻。
史君忧国眉不开，叱驭径行仍及早。
哀哉千里方更生，县官租钱须户晓。
纵民自恐吓上不足，诛取仍怜下无告。
邦储邦本孰轻重，肯使疲民困征扰。

君不见岩岩千古阳道州，政拙催科自书考。

楼钥在《送曾南仲寺丞守永嘉》诗中，甚至说自己回首温州，常有“真梦境”，并羡慕曾南仲（曾炎）温州任职是“若登仙”。这样夸温州，在历代郡守、知州（府）中是少有的：

六和久坐趣归鞭，却送旌麾水竹边。
无说可禅新令尹，有诗重送老同年。
城隅绿竹今安否，庭下朱栾定俨然。
回首东州真梦境，羡君此去若登仙。

《送赵伯藏添倅永嘉》，是楼钥送赵伯藏到温州任副职的，诗写得很动感情。他说，如果你在温州有人问起我“老州牧”，就说我的双鬓已“绕清霜”了。楼钥离开温州只有五年，可是常梦及春草池塘，常想到自己手栽的栾树是否结果，他已经将温州当成故乡了：

分教分符恰五年，异乡几若故乡然。
归来几作池塘梦，送别欲随驺御仙。
目断甘林应饱熟，手栽栾实想芳鲜。
邦人若问老州牧，为说清霜绕鬓边。

“作诗勿谓今余事，更下工夫继玉川。”楼钥生长在宋室南渡之后，承家族世学，身为名进士，累长宏词科，真诚做学问，论学少空言，孝、光、宁三朝大典多出自其手，是温州地方官中的学问家。他在温州留下的丰富诗歌，是温州的文化遗产。

吴　泳 贺金榜揭设鹿鸣宴

吴泳（1181—1252），字叔永，号鹤林，潼川府中江县（今四川三台县）人。吴泳是南宋温州知州中的一位词家，与其弟吴昌裔俱为南宋理学家、蜀中名士。有《鹤林集》四十卷存世，《宋史》

有传。宋端年平间，吴泳除秘书少监兼权中书舍人，迁起居舍人兼权吏部侍郎，兼直学士院。历知宁国府、隆兴府、温州、泉州。吴泳师从理学名臣魏了翁，是南宋后期巴蜀作家群中仅次于其师魏了翁的文人。他为官二十余年，历遍山水，交游广泛，人脉广，以他为中心形成了广阔的交游网络。其作品诗词数量大，范围广，多交游之作，在温州亦留下相当数量的诗词。

如吴泳的两首鹿鸣宴的诗词，虽不是温州山水诗，却是迄今发现的温州关于鹿鸣宴的珍贵资料。鹿鸣宴，亦作鹿鸣筵，始于唐代并延续千年的一种科举制度中规定的宴会。科举时代，乡举考试后，州县长官宴请得中举子，或放榜次日宴请主考、执事人员及新举人。吴泳留下这种题材的诗，说明他对温州科举的重视。他的《永嘉鹿鸣宴》起句就有“富贵易浮沉，斯文无古今”之戒训：

人间富贵易浮沉，只有斯文无古今。
义理工夫元坦易，圣贤言语不艰深。
莫随近世诸儒辙，要识开山一祖心。
待得了他科举债，梅花月下听瑶琴。

又是一年收获期，吴知州很兴奋，又写下《谒金门·温州鹿鸣宴》，与“前岁杏花”成一色：

金榜揭。都是鹿鸣仙客。手按玉笙寒尚怯。倚梅歌一阕。柳拂御街明月。莺扑上林残雪。前岁杏花元一色。马蹄归路滑。

吴泳是词家，填词写风景是他的看家艺术。《水龙吟·修篁翠葆人家》这阕以写浙南农家田园风光的作品，不仅仅在觌目一片田园景色，更是以身心编织情调：诗人与水、空气相互流通，水槛、危亭、小桥、桃笙等若干景色，让他不能闭目，场景与心境充分叠合。他还惊呼，“纵武陵佳丽，若耶深窈，那得似、双溪趣”，真是大词家的手笔：

修篁翠葆人家，分明水槛光中住。就中得要，危亭瞰渌，小桥当路。一榻桃笙，半窗竹简，清凉如许。纵武陵佳丽，若耶深窈，那得似、双溪趣。　　一夜檐花落枕，想鱼天、涨痕新露。多君唤我，扫花作晚，解衣逃暑。脍切银丝，酒招玉友，曲歌金缕。愿张郎，长与莲花相似，朝朝暮暮。

吴泳很喜欢用诗词表现雪景，如《雪夜》中有“夜静悄人迹，溪流皆雪声”句。他的《上西平·雪词》刻画出雪之美景：

似斜斜，才整整，又霏霏。今夜里、窗户先知，嫌春未透，故穿庭树作花飞。起来寻访剡溪人，半压桥低。　　兔园册，渔江画，兰房曲，竹丘诗。怎模得、似当时。天寒堕指，问谁能解白登围。也须凭酒遣拿担，击乱鹅池。

彰显山水，是词家歌颂生命价值的题材，吴泳《卜算子·漠漠雨其濛》用“漠漠雨，湛湛江”点燃思乡情，借此系念着明水中归期，清居中友人：

漠漠雨其濛，湛湛江之永。冻压溪桥并见花，安得杯中影。
明水未登彝，饰玉先浮鼎。寄语清居山上翁，驿使催归近。

《贺新郎·一片湖光净》是游西湖的词，其中“和靖不来东坡去，欠了骚人逸韵”，分明是借景说故人，尤其是“世上浮荣一时好，人品百年论定”，评论先贤的风流。词中诸句清丽可诵，“撑船刺破，宝菱花镜”，“凌浩渺，纳光景”清新而雅健，流利又疏宕：

一片湖光净。被游人、撑船刺破，宝菱花镜。和靖不来东坡去，欠了骚人逸韵。但翠葆、玉钗横鬓。碧藕花中人家住，恨幽香、可爱不可近。沙鹭起，晚风进。功名得手真奇隽。　　黯离怀、长堤翠柳，系愁难尽。世上浮荣一时好，人品百年论定。且牢守、文章密印。秘馆词人能度曲，更不消、檀板标苏姓。凌浩渺，纳光景。

《满江红·风约湖船》亦是游湖词，水声山色，秋还冷淡，景随风拆，用词超妙：

风约湖船，微摆撼、水光山色。纵夹岸、秋芳冷淡，亦随风拆。荷芰尚堪骚客制，兰苕犹许诗人摘。最关情、疏雨画桥西，宜探索。

蓬岛上，神仙宅。苍玉佩，青城客。把从前文字，委诸河伯。涵浸胸中今古藏。编排掌上乾坤策。却仍携、新草阜陵书，归山泽。

《渔家傲》是吴泳写早春的词，起句就能吸引人，“翠隐红藏春尚薄。百花头上梅先觉。”春尚薄，梅先觉，叫人读来为之清寒：

翠隐红藏春尚薄。百花头上梅先觉。清晓寒城闻画角，云一握。鸦翻诏墨天边落。　　碧眼棱棱言谔谔，谏书犹自留黄阁。世事翻腾谁认错，休话著，绿尊且举鸬鹚杓。

吴泳多地任职，以诗词交友广泛，有大量的诗友唱酬，以下选录两首名诗人与他唱和的作品。吴潜（1195—1262），字毅夫，号履斋，宣州宁国（今属安徽）人。宁宗嘉定十年（1217）举进士第一。曾和吴泳《祝英台近·和吴叔永文昌韵》：

碧云开，红日丽，宫柳碎繁影。犹记朝回，马兀梦频醒。天教一舸江湖，数椽涧壑，渐摆脱、世间尘境。　　已深省。添买竹坞千畦，荷漪两三顷。鹤引禽伸，日月峤壶永。不须瓮里思量，隙中驰骛，也莫管、玉关风景。

吴潜还有一阕《满江红·送吴叔永尚书》，读来都是情，道尽友情平凡处，诉来离别飘零意，其中“鲜鱼羹饭，吃来都美”，懂古人平常语言之美者，能在文字中享受：

举世悠悠，何妨任、流行坎止。算是处、鲜鱼羹饭，吃来都美。暇日扁舟清霅上，倦时一枕薰风里。试回头、堆案省文书，徒劳尔。

南浦路，东溪水。离索恨，飘零意。况星星鬓影，近来如此。万事尽由天倒断，三才自有人撑柢。但多吟、康节醉中诗，频相寄。

刘克庄（1187—1269），字潜夫，福建莆田县人，南宋豪放派词人，江湖诗派诗人。刘克庄生于理学世家，又师承叶适、真德秀，为他诗学创作以理学为主奠定了深厚的基础；他放眼前代文学的优秀遗产，评述当代词风，对温州的“四灵”诗派很看好，其文学创作和理论建构卓有成效。刘克庄与吴泳亦为好友，《沁园春·和吴尚书叔永》，可窥刘、吴二词家所共有的深厚家学和学术修养，丰富的仕宦经历和人生阅历。“新腔美，堪洗空恩怨，唤起交情。”从词意中还可了解他们共同的文学创作实践取向与友情：

我所思兮，延陵季子，别来九春。笑是非浮论，白衣苍狗，文章定价，秋月华星。独步岷峨，后身坡颍，何必荀家有二仁。中朝里，看叔兮衮斧，伯也丝纶。　　洛中曾识机云。记玉立堂堂九尺身。叹苕溪渔艇，幽人孤往，雁山马鬣，吊客谁经。宣室厘残，玄都花谢，回首旧游存几人。新腔美，堪洗空恩怨，唤起交情。

政府将瓯江山水诗之路作为文化旅游项目推动，这是个大课题。瓯江山水诗路地位高、历史长、群体大，诗源最丰富。近两年来我在《温州人》杂志上陆续发表二十来篇“温州诗话”，逐渐感到这是个需要研究再研究的文化项目，要以慢工细活的方式，做些基础性的研究。温州南宋诗史，是整个南宋中兴时期的一大创作景观。知州们的诗词研究遮蔽了多年，也缺少地域上的衔接。这种研究很有意义，一是链接了知州与地方学者诗词创作，有助于对永嘉学派的深化研究；二是也牵带出一些名诗人对温州地方山水诗的向往，可健全温州古代文化史的研究；三是以诗窥见温州社会的发展，以诗歌形式丰富地方史内涵；四是可带动温州历代职官的研究，对城市的人文起到厚实的补充作用。

南宋知州，这一群体诗人的诗词，丰富了温州南宋中兴时期诗坛的创作景象。

孟浩然与江心屿的美丽邂逅

◎ 陈瑞赞

唐玄宗开元十五年（727）的年尾，一位诗人沿着瓯江顺流而下，与迎候他的友人相会。这位诗人就是大名鼎鼎的孟浩然。为了谋求一官半职，孟浩然曾滞留洛阳多年，结果却一无所获（“皇皇三十载，书剑两无成”）。失意之下，南游吴越，希望借助东南佳山水来开释胸怀（“山水寻吴越，风尘厌洛京”）。孟浩然从前一年开始杭、越之游，这回从天台山下来，绕道到永嘉、乐成，已是行程的最后一站。迎候他的友人，是被贬为乐成（今乐清）县尉的张子容。孟浩然和张子容都是襄州襄阳（今湖北襄阳）人，曾经一起在鹿门山隐居。“他乡遇故知”本是人生乐事，但孟浩然的诗中却更多地充满了穷海失路之悲：

逆旅相逢处，江村日暮时。
众山遥对酒，孤屿共题诗。
廨宇邻蛟室，人烟接岛夷。
乡关万余里，失路一相悲。

这首诗题为《永嘉上浦馆逢张八子容》。上浦馆位于瓯江北岸，故址在今永嘉县乌牛街道码道村。从诗题来看，孟浩然写的是一个时间点上的事，即与张子容的相逢。诗题交代得很清楚，张子容在上浦馆迎候孟浩然，孟、张见面就在上浦馆。但因为孟诗颔联提到了“孤屿”，这首诗却被当成了题咏江心屿的名篇。清初释元奇纂修的《江心志》，嘉庆年间陈舜咨纂修的《孤屿志》，都收录了这首诗。

但孟、张二人既然在上浦馆相逢，他们又怎么会在孤屿题诗呢？难道孟浩然在上浦馆登岸之后，又和张子容回棹登临江心屿游赏吗？今人确有如此作解者。比如已故的陈贻焮教授，是研究孟浩然的专家。他所编的《孟浩然诗选》在对“孤屿”做了详尽解释后，推测说："作者与张子容于上浦馆相逢后或即同往永嘉游览。"[1] 黄世中教授在《乡关失路悲，归去烟中远——孟浩然与张子容泛舟温州永嘉江二首》一文中说得更为确定："一、二句叙相逢之时、地，时间在暮色苍茫之时，地点则是江村之逆旅即上浦馆。从一、二至三、四有较大的跳跃。张子容接到孟浩然以后，马上沿瓯江上溯，到了江心孤屿，为同乡好友洗尘接风，遥对众山而相与畅谈饮酒。他们在孤屿酒楼上，一边举杯，一边题诗。"[2]

假如孟浩然与张子容"孤屿共题诗"确有其事，那么，我们或许可以找到相关的作品。但翻检《孟浩然集》，除了《永嘉上浦馆逢张八子容》外，另有五首写于温州的诗（《初年乐城馆中卧疾怀归》《除夜乐城张少府宅》《岁除夜会乐城张少府宅》《宿永嘉江寄山阴崔国辅少府》《永嘉别张子容》），似乎都与"孤屿题诗"无关。张子容虽然没有诗集传世，但《全唐诗》收其任乐清县尉所作的诗也多达九首，同样没有"孤屿"即江心屿的题咏之作。年代久远，当然不能排除文献散佚的可能，但没能找到孟、张共同在江心孤屿题诗的"实锤"证据，总是让人难消心中的疑惑。

那么，是否可以认为孟诗中的"孤屿"并非江心屿呢？以"孤屿"为名的地方并不只有江心屿一处，在孟浩然的故乡襄阳，恰好也有一座"孤屿"，即汉江中的鱼梁洲。在《孟浩然集》中有一首《登江中孤屿赠白云先生王迥》诗，结尾说："南望鹿门山，归来恨如失。"写这首诗时，孟浩然住在襄阳城外的涧南园。王迥是鹿门山的一位隐士，偶尔入城卖药，趁便拜访孟浩然。孟浩然登上鱼梁洲，南望鹿门山，想起送别王迥的情景，不觉怅然若失。鱼梁洲与鹿门山相距不远，今天的游人如果从鱼梁洲出发，乘坐轮船沿汉江顺流而下，大概只需半小时就可抵达鹿门山。孟浩然大概经常游览鱼梁洲，与友人在鱼梁洲上诗酒唱酬。

[1] 陈贻焮编：《孟浩然诗选》，石家庄：河北教育出版社，1999 年，第 27 页。

[2] 黄世中：《花开花落聚散依依》，合肥：黄山书社，2018 年，第 211 页。

如果孟诗的孤屿是鱼梁洲，那么，对《永嘉上浦馆逢张八子容》就要有不同的理解——“孤屿共题诗”虽然实有其事，但并非发生于当下，而是孟浩然往日与张子容在故乡襄阳的共同生活。不过，如果从诗的整体结构分析，颔联紧承首联“逆旅相逢处，江村日暮时”而来，在这里脱离当下景物和人事而插入回忆之语，显得十分突兀，难免与诗意扞格。所以，要将“孤屿”理解为鱼梁洲也存在难以逾越的障碍。

唐人殷璠《河岳英灵集》中的评论，为我们准确理解“众山遥对酒，孤屿共题诗”的句意提供了解锁密码。《河岳英灵集》评云“无论兴象，兼复故实”，指出这两句并不只是对当下景物的如实描写，更是诗人“托物喻情”的兴象，委实独具只眼。俗话说:“他乡遇故知，久旱逢甘霖。”孟浩然在经历了漫长的旅途之后与老友张子容相逢于离乡万里的永嘉江畔，其喜悦之情不难想象。诗人是善于移情的，孟浩然也不例外。当孟浩然把他的喜悦之情转移到眼前的景物上时，远处的青山和耸峙江中的孤屿就成了他的酒朋诗友。所以，并非孟浩然和张子容在众山环绕的馆驿中喝酒，而是四围群山和孟浩然、张子容遥相对饮；并非孟浩然和张子容登屿题诗，而是江心屿与孟浩然、张子容以无声的诗语倡予和汝。诗人眼中的山，不再是凝固的山；诗人眼中的孤屿，不再是静止的孤屿；这就是殷璠所说的“兴象”。这种以山水为知音的境界，是诗人的境界，也正是中国山水诗的境界！

继谢灵运之后，孟浩然成为江心屿又一个重要的文化符号，甚至修建于明代的浩然楼，也一度以孟浩然为主人。但孟浩然题诗江心屿，查无实证，很可能只是误读孟诗的结果。但这种误读也是由来已久，南宋孝宗隆兴元年（1163），李洪监永嘉盐仓。在他的《芸庵类稿》中有一首《望孤屿》的七律，颔联云“浩然逸兴成陈迹，康乐清吟足起予”，把孟浩然与谢灵运相提并论，作为江心屿的两位“形象大使”。元初方回《瀛奎律髓》选录了孟浩然的《永嘉上浦馆逢张八子容》，批云:“永嘉得孤屿中川之名，自谢康乐始。”也把孟诗的孤屿理解为江心屿。明代嘉靖年间担任温州知府的龚秉德，其《孤屿》诗有“临流憩石悲康乐，对酒题诗忆浩然”的句子。年代稍后于龚秉德的永嘉人王叔杲，在《孤屿记》中说："孤屿江心寺，林木交荫，殿阁辉敞，独浩然楼峻竦洞达，坐其中，沧波可吸，千峰森前，孟襄阳所咏'众山遥对酒'是也。"则进一步将江心屿浩然楼上所看到的景色与孟浩然的诗句对应起来。

浩然楼本为纪念文天祥而修建。明神宗万历八年（1580），浙东兵巡道吴自新游览江心屿，发现文信国公祠前面还有一片空地，"宜楼以壮观瞻"。于是由温州知府李际寅提供经费，同知刘正亨负责监督，于同年冬天开工修建。第二年正月竣工，取文天祥《正气歌》"天地有正气，……于人曰浩然"的意思，名为"浩然楼"。浩然楼是文信国公祠的"配套工程"，在浙江提学副使刘东星所撰写的《新建浩然楼记》中交代得十分明确。但就是这么一件记载确凿的事实，清初以后却屡遭翻案，孟浩然逐渐取代文天祥而成为浩然楼的"楼主"。乾隆末年，秦瀛出任温处水利兵备道，将"浩然楼"改名为"孟楼"，并亲笔题写楼名匾额：

江心寺之左有楼曰"浩然"，盖以孟襄阳尝游此，故名。余以备兵至瓯江，登楼眺览，易其名曰"孟楼"，即书以悬檐楹。

秦瀛通过更改楼名，正式让孟浩然在江心屿"安家落户"，将"屿籍"赋予这位唐代诗人。但秦瀛的做法，在当时就有人不以为然。嘉庆九年，闽人梁章钜北上途经温州，游览了江心屿，看到秦大人新题的"孟楼"匾额，作诗一首：

凭栏泼眼尽秋光，城树村烟俯莽苍。
历览敢希谢康乐？标题漫借孟襄阳。
江山如此清辉在，人物当年逝水忙。
谁识浩然留正气，西偏丞相有祠堂。

梁章钜道光间官至江苏巡抚，既是显宦，更是有考据癖的著述家。他这首诗前面有一篇序，曰：

（孟楼）在江心寺西偏。考东瓯旧志，本名浩然楼。寺僧相传为孟襄阳遗迹，秦小岘观察因改题孟楼，并镌跋于石。按谢康乐游孤屿诗，铺陈景物，言不及寺观。图经载咸通中始建东塔，宋开宝中始建西塔，至建炎驻跸于此，而丛林始盛，则是楼当亦托始宋、元间。楼之西为文公祠，盖信国公流寓旧址。拜瞻遗像，正气如生，始恍然于浩然之名，实寄尚友之慨，与襄阳不相涉。观察跋语似未深考，因私辨之而系以诗。

浩然楼始建于明代，梁章钜认为"托始宋、元间"，同样也"似未深考"；但他认为浩然楼楼名取自文天祥《正气歌》"天地有正气，……于人曰浩然"之句，则完全正确。而秦瀛将浩然楼改为孟楼，显然不够审慎。

孟浩然的一首诗，在千年之后造就了一段有趣的公案。追根溯源，当然是由于人们对孟诗的解读有误。但辨明孟诗诗意及"孤屿"所在，并不是要否定孟浩然与江心屿的美丽邂逅。孟浩然来去瓯江都经过江心屿，江心屿及其周边的景物与鱼梁洲依稀相似，如果说因为江心屿的触发，孟浩然的故乡记忆才显得更为清晰，大概不至于有悖事实。因此，与其刻意去辨别孟浩然诗中的"孤屿"究竟是江心屿还是鱼梁洲，不如将之视为二者的叠加，或许这样才更符合诗歌创作和艺术想象的规律。而以浩然楼兼为孟楼，让孟浩然与文天祥同龛享受后世香火，似乎也并没什么违和之处。

韩愈的《孤屿》诗与温州『孤屿』无关

◎沈蒲州

近读2019年12月中国民族文化出版社出版的黄瑞庚先生主编《温州江心屿》大型画册。编者的旨意是“温州江心屿，千载迹犹存”。书中收集了大量的弥足珍贵的历史照片，并加上文字说明，实在是一部非常有价值的资料性的书籍。

古人说“尺之木必有节目，寸之玉必有瑕瓋”（见《吕氏春秋·离俗览·举难》）。这两句的大意是说：一尺长的树木一定会有结节；一寸长的美玉一定会有瑕疵。在这部《温州江心屿》中，我也发现了一个值得探讨的瑕疵问题。

什么瑕疵问题呢？是韩愈的《孤屿》诗：“朝游孤屿南，暮戏孤屿北。所以孤屿鸟，与公尽相识。”

这部《温州江心屿》书中三次引到韩愈的《孤屿》诗，一在“概述”，二在第48页，三在第142页。编者引韩愈的诗是想证明温州江心屿的名气大，连唐代的大文豪韩愈也写诗赞美。我的疑惑是：韩愈这首诗真的是写温州江心屿的吗？李白、杜甫虽然没有到过温州，因为有朋友与温州有所关系，所以会在诗中提到温州的江心屿。而查韩愈的生平年表及温州的有关史料，韩愈没有到过温州，也没有什么温州朋友，他怎么会写起赞美温州江心屿的诗呢？

为了确切搞清问题，必须下功夫去查阅原著。

查中华书局2010年12月版《韩昌黎诗集编年笺注》，其卷八中有《奉和虢州刘给事使君三堂新题二十一咏》，是韩愈所写的一组诗。韩愈这组诗中一共有《新亭》《流水》《竹洞》《月台》《渚亭》《竹溪》《北湖》《花岛》《柳溪》《西山》《竹径》《荷池》《稻畦》《柳巷》《花源》《北楼》《镜潭》《孤屿》《方桥》《梯桥》《月池》等二十一首五言小诗。《孤屿》诗是这二十一首组诗中的一首。

先说说虢州。虢州，隋初置的州。其位置处于西都长安与东都洛阳之正中，因在两京之间，各类人员往来频繁，虢州便成为名州望郡。有时帝王出巡，虢州也为必经之地。故历朝达官贵人及文人墨客，都会在虢州留宿，等待次日鸡鸣开关，再继续上路行走。虢州境内有一座“红亭驿栈”，是两都之间最为豪华的宾馆，其环境之清幽，景物之迷人，闻名遐迩。

到了唐代，虢州更是两京之间交通要道上的重镇，是一条最繁忙的驿路上的城市。为了满足接待天子皇亲、大小官员的需要，在原来的“红亭驿栈”的基础上，又修建了“虢州三堂”，增设了二十一景，成了广逾百亩（吕温语）的官家园林，其花木池塘、亭台岛屿名闻天下。因为往来留居于此的达官名流很多，所以很多人会对美景感叹赞赏，情不自禁地吟诗作赋。其中诗文流传最广远者，是韩愈的这首《奉和虢州刘给事使君三堂新题二十一咏》诗和吕温的散文《虢州三堂记》。

再说刘伯刍。刘伯刍，字素芝，兵部侍郎刘迺之子，擢累给事中，元和八年出任虢州刺史，白乐天写有《除刘伯刍虢州刺史制》散文一篇。《新唐书》有传。韩愈与虢州刺史刘伯刍是好朋友。

查清了原著，知道韩愈的《孤屿》诗是《奉和虢州刘给事使君三堂新题二十一咏》组诗中的一首，写的是“虢州三堂”园林中的“孤屿”：“朝游孤屿南，暮戏孤屿北。所以孤屿鸟，与公尽相识。”这诗的大意是：刘公（伯刍）早上游玩在孤岛南面，晚间游戏在它北边。所以孤屿上的鸟，它们与刘公都互相熟识。韩愈的诗《孤屿》与温州瓯江中的孤屿是风马牛不相及的，两者相隔千万里，彼此其实没有丝毫关联。

现在许多温州搞文史的人都说韩愈这首《孤屿》是写温州江心屿的，并把诗题写作《题谢公游孤屿》。原诗的题目是《孤屿》，是什么时代什么人“发现”这首诗，并把题目改作《题谢公游孤屿》的呢？从清陈舜咨编辑的《孤屿志·例言》有关史料看，最早编辑《孤屿志》的是明成化初江心寺释成斌。后来明嘉靖期间王叔杲修之，明万历期间王光蕴又修之。可惜以上《孤屿志》均亡逸不传了。后来到清康熙丙戌（1706），林丹五与黄信侯又编辑《孤屿志》，江心寺释月川独任剞劂之费。但经历百年，到清嘉庆戊辰（1808），陈舜咨认为林、黄编辑，释月川刻印的《孤屿志》存在许多不足的地方，要进行修订，“繁者汰之，伪者正之，乖舛者更之，遗陋者补之”。又，《中国佛寺史志汇刊·江心志》：“在元奇《江心志》之前，曾有明释宏斌作《江心志》，陈陛辑《江心志》六卷，明王光蕴作《江心志》六卷，此三《志》均已佚。”这两处的说法虽然有所不同，但可以知道，历史上较早编的几部《江心志》都湮灭了，现在能见到的只有清康熙时期的释元奇编《江心志》与清嘉庆时期陈舜咨编的《孤屿志》。

查康熙四十六年（1707）释元奇编的《江心志》卷之二中已经收录韩愈的《孤屿》诗，题目被改作《题谢公游孤屿》。这是两百年前的书，是目前能见到的最早把韩愈的《孤屿》改作《题谢公游孤屿》的书。这题目的擅自改变，不知是释元奇干的，还是释元奇以前什么人干的，很难查考。一百年后的嘉庆戊辰年（1808）陈舜咨编的《孤屿志》卷之二中，也收录韩愈的《孤屿》诗，题目也作《题谢公游孤屿》。看来是照抄释元奇《江心志》的。

又查明弘治刻本《温州府志》卷之二十二词翰四诗中，收录孟浩然等人的诗，但没有选入韩愈的这首《孤屿》诗。乾隆《温州府志》卷二十八诗中，也没有选入这首诗。光绪《永嘉县志》艺文志九中，收录孟浩然、张子容等人的诗，也没有收录韩愈这首诗。看来几代编府志、县志的编辑是严谨的，不认为韩愈这首《孤屿》是写温州孤屿的。

也许就是因《江心志》《孤屿志》的影响，以后的许多涉及江心屿的书籍与文章，都相信韩愈的这首诗是写温州江心屿的。如1995年黄立中先生主编浙江古籍出版社出版的《江心屿历代题咏选》中，就选入这首韩愈的诗，题目也作《题谢公游孤屿》，黄立中先生还说“录自《韩昌黎集》”。我猜黄先生这样写是想当然，一定没有查对《韩昌黎集》，假如一查对，就会发现《韩昌黎集》中是没有《题谢公游孤屿》这样的题目。只有在《奉和虢州刘给事使君三堂新题二十一咏》中才有一首《孤屿》诗。查《全唐诗》卷三四三也是如此，查不到《题谢公游孤屿》这样题目的诗。

古往今来，以讹传讹，影响是极为深远的。1998年戈悟觉先生主编《温州历代山水诗文选》中也选入韩愈的这首诗，题目亦作《题谢公游孤屿》。

2019年12月鹿城区文联编的《瓯水寻梦》也选入了韩愈的这

首诗。浙江新闻频道2020年4月19日《“诗与远方”原来在这座江中孤屿上》也说:“谢灵运、李白、杜甫、孟浩然、韩愈、陆游等历代文人吟诗题咏，为江心屿带来了诗歌的空灵韵律。”2020年7月出版的《永嘉古代全诗》卷一中,也选入这首诗,题目亦作《题谢公游孤屿》，并说录自《韩昌黎集》。

又，经过一年多的改造提升的江心屿，在2020年国庆期间开园,我上岛游览,发现东园的“榕林栈道”边上挂着许多扇形的诗牌,其中也有一首韩愈的《题谢公游孤屿》。

世上的事往往会是这样:流传久远，先后传抄，人们就信以为真了。韩愈《奉和虢州刘给事使君三堂新题二十一咏》中的《孤屿》变成《题谢公游孤屿》也好几百年了。这实在是一个历史的误会。现在搞清楚了,此是明显的以讹传讹。我想,不要为了江心屿的“光荣”而舍不得放弃韩愈这首诗作。古人言:“知错能改，善莫大焉!”请搞文史的朋友注意，以后写江心屿的文章就不要再提这首诗了，否则会搅浑史实，误导游客，实在会贻笑大方的。

2020年10月12日

缅怀马骅老师

◎ 沈洪保

编者按：2021 年是作家马骅（莫洛）先生逝世十周年，温州市文联、民进温州市委等单位联合举办莫洛先生文学创作座谈会以示纪念。本刊特选登座谈会上发言稿，向这位“大爱者”致敬。

1959 年，我考入杭州大学中文系。马骅先生是我们的写作课老师。我起先不知道马老师是温州人。一次，我跟一位桐乡的同学去拜访系主任叶克先生。叶克主任是延安鲁艺出身的老革命，曾任中国驻东德大使馆的文化参赞。请教了几个问题以后，那位同学提出有关新诗的一些问题。叶克主任就说，有关新诗问题我不懂，你们去请教马骅老师，他是有名的诗人。并且说马骅老师是温州人。

不久后，我去拜访马骅老师。马老师问：“你是哪个中学毕业的？”我回答说：“瑞安中学。”他又问：“陈继璜老师认识不？”我回答说：“陈老师是我的高中语文老师。”他说，陈继璜老师是某某大学英语系毕业的。说陈老师老实忠厚，翻译了小说，寄给出版社，人家已经翻译了，白白花了时间。“翻译前一定要先与出版社联系，并签订合同，否则徒劳无功。”马老师给我的印象是：和颜悦色，平易近人。

后来，我曾去请教过问题，甚至去闲聊。马老师不像有的老师，回答了问题就把学生赶走。学生的拜访会影响他的工作，会浪费他的时间。但他从没有表现出不耐烦。学生的一篇篇作文他都会认真批改，提出指导性的意见，评语的字都写得很工整。马老师的课上得很好，是有魅力的，很受学生的欢迎。马老师普通话好，语言生动，声情并茂，听他的课如沐春风，如饮甘泉。在他的教导下，很多同学的写作水平都有长足的进步，有许多同学成了诗人与作家。

我 1963 年毕业时，曾送画给马老师。他也给我题过词。可惜那字在“文革”抄家中毁灭了。

在“文革”中，马老师被反复批斗，又进“劳改队”，在红卫兵的监督下干重活劳动，历经苦难。后来，马老师回到温州，住在百里坊马家老宅。我去看望他，他竟高兴地领我进房间，指着墙上挂着的画说:“你看,这是谁的画?”我仰头看,发现竟是我十多年前送给他的画,我实在激动非常!后来老宅拆了,搬来搬去,那画大概也丢了。

后来温州成立民进地方组织,马老师被推举为主委。他也以很高的热情,充满责任心,主持市委会,发展新会员,参政议政,都做得很好。并吸收我参加民进。我成了温州师院的民进支部负责人,后来还成了民进市委委员、市政协委员、政协文史委副主任。

在马老师生命最后的阶段,他怀念青年时期的好朋友郑嘉治。师母对他说郑嘉治已经去世,马老师怎么也不相信。郑嘉治先生是乐清柳市人,曾在北京大学旁听,返回温州后与马骅先生一起组织野火读书会,参加永嘉战时青年服务团。他们俩是青年时代的文艺朋友、革命战友。新中国成立后,郑嘉治曾任《浙南日报》编辑、浙江人民出版社代社长等职,后来调到上海新文艺出版社。他是翻译家,笔名朱惠,翻译出版有《广场上的狮子》《黑海水兵》《斧头》《祖国》等。因为他的女儿与我是大学里的同学,而且比较要好,马老师是知道的。所以马老师再三对家人说:“叫洪保来!”大观打电话说:“阿爸再三叫你去一下。”我马上赶去。我走进他的房间,他面向里躺着。师母说:“洪保来了!”马老师即刻转过

莫洛先生文学创作座谈会

《莫洛集》《莫洛佚文书信集》书影

身来。他看着我开口说:“你说说郑嘉治先生的情况。”我说:“郑嘉治先生‘文革’后期,1973年,在‘五七’干校劳动时生病去世了。”马老师说:“真的去世了?”我说:“真的去世了。”马老师说:“这样,我不想他了。”他就转过身子,好像又要睡觉了。这是马老师与我的最后一次对话。

马老师九十岁时,我曾经写了一首《寿马骅老师九秩》的诗,发表在《温州晚报》上:

不骑龙驹却执鞭,诲人弟子岂三千。
航行哪怕风波日,酿蜜安辞寂寞年。
窗口葱茏翩白蝶,池塘潋滟映蓝天。
梦成生命长青树,心笛飞歌大爱篇。

马老师无论是做人或是写诗,都充满着爱,他是有大爱的人。今天纪念马老师,此时此刻,我仿佛听到马老师窗前鸟笼中芙蓉鸟的歌唱,仿佛闻到马老师阳台上月季的芬芳。我非常感谢马老师这么多年对我的指引与栽培。教诲如春风,师恩似海深。教诲与师恩会永远铭记在我的心中。

追忆马骅先生

◎卢礼阳

一晃之间马骅先生走了十个年头，如今应邀出席座谈会，回忆三件事，借以表达我对马先生的缅怀之情。

第一件事，马先生介绍我入会（民进）。政治上，是不折不扣的引路人。

二十多年之前，河北的花山文艺出版社策划一套“著名民主人士传记丛书”，收入我写的《马叙伦》。马叙伦是中国民主促进会的主要创始人，又是马允伦先生父亲（马翊中）的恩师。有此因缘，马允伦先生乃三次动员我加入民进。入会需要两位介绍人。马允伦先生为我找的另外一位介绍人就是马骅先生，当时民进温州市委的名誉主委。他动情地说：“我跟马老共同做你的介绍人。马老八十五，我七十五，两头马一起把你拉进来。”

2000 年夏秋之间，我拿到入会申请表，送请马允伦先生签署意见。但马先生的推荐意见却写在第二介绍人栏内：“卢礼阳同志为人正直，工作勤奋。特别是以十二年的时间写成‘民进’创始人马叙伦的传记，在全国有一定的影响。我与他建立文字之交二十来年，深知他的人品，特此郑重介绍。”他把第一介绍人意见一栏留给了马老马骅先生。

马骅先生的推荐意见是这么写的：“卢礼阳同志是一位勤奋好学的人，孜孜不倦从事文学、历史方面的研究，我认识他已有十多年，对他的努力钻研精神甚为赞赏。在政治上他要求进步，为人正直。写作精勤，他的马叙伦传一书在国内甚有影响。我很高兴作为他参加民进的介绍人。”下方郑重地盖上“马骅之印”。

两相对比，马允伦先生作为温州市历史学会的名誉会长，说拙著“在全国有一定的影响”，较为贴切，而马骅先生是激情澎湃的诗人，称小书“在国内甚有影响”，溢美之词，自然不能当真。

当时温州全市民进会员大约六百人，每年可以发展的会员是上一年会员总数的百分之四左右，所以一年充其量只能吸收新会员二十四名上下。记得那天马老笑着对我说：“名额很有限。”所以能够加入民进，而且承蒙两位德高望重的马先生介绍，这让我备感荣幸。

入会之后，我做过三届温州市政协委员，在民进前辈的感召之下，尽管人微言轻，一直不敢懈怠，没有玷污这个称号。

第二件事，马先生为我写过一通引见信，引见知情人。这是学术上的支持。

原信不长，写在温州市文联（18×15）=270一页的格子稿纸上。

礼阳兄：

信收到。

方家溪是一位好同志，我愿介绍你认识。现附上给他的信一纸，由你转寄，以便联系、认识。

我因耳聋，打电话困难，所以电话也由你自己打，告诉他是我特地介绍你去拜访他的。

手僵无法执笔写字。兹将方先生的电话和住址写在下面。

即此，祝

好！

马骅

2005.2.2

方家溪

电话：88187612

住址：环城东路74弄4号301室

以上为钢笔字。马先生担心我看不清楚，在“74弄”下方又用圆珠笔重写一次。而在抬头右边，圆珠笔补上一句：“胡兰成的书你放着先用。”

这封信收入新出的《莫洛佚文书信集》（209页）。

重温信札，当年的一幕清晰地浮现眼前。

2005年初，我去百里坊看望马先生，上楼的时候，遇见一位先生出来。尚未打听何许人也，马先生主动提起，刚才来访的是方家溪，市文联顾问。因为方先生曾兼任温州市文管会副主任，与刘景晨有同事之谊，而我当时正在编《刘景晨集》，早拟请教反右时期的情况，因此立马记住了。为慎重起见，回到园西巷五楼办公室之后修书一封，请求马先生引见。马先生一向有求必应，不顾年迈手僵，很快为我写来引见信。于是与方先生通电话，约好时间，登门造访。

正由于有了马先生的介绍，谈话进行得十分融洽。不久，访谈内容添入《刘景晨年谱》1957 年上半年相应部分。（在一次会议上发言:“方家溪是派来监督我们工作的，挂个虚名，没有做实际工作。”）方从报纸上看到后，给市人民委员会秘书长冒成志上了条陈，“大意是我在宣传部工作，兼了十多个职务，事情忙不过来。刘先生批评得很对，请市里同意我辞去文管会兼职。——这个事情刘先生当然不清楚。——不久党内整风开始。在一次大会上，冒把我的条子抖开，称右派分子猖狂进攻，方家溪就退却投降。我因此被打成‘反党分子’。”（2005 年 2 月 18 日温州环城东路方家溪先生访谈记录）

事后知会方先生，征得同意。不过，当天方先生没有跟我说他在宣传部的职务。直到 2011 年 6 月 16 日清晨，理报纸的时候，从两周之前的《温州都市报》上读到《小巷陋室中的坚守》（作者是老同事沈绍真）一文，才知悉方先生当时本职为宣传科科长。而马先生就在一天前的十五号晚上驾鹤西去。

至于“胡兰成的书”，指《今生今世》，台北三三书坊 1990 年版，未加删节，内容比大陆版全。当时杨瑞津先生从马先生处借来，再转给我复印与刘景晨有关的章节，编入《刘景晨集》附录五，另取标题《施了无心之恩》。

假如没有马老和其他师友的帮助，《刘景晨集》的出版工作就不可能那么顺利。

第三点，马先生对图书馆事业一往情深，仗义执言，体现了老一辈文化人的良知与眼光。马先生可谓温州图书馆不可多得的“老朋友”。

1986 年 8 月 18 日，温州市政协文化组一行专程考察市图书馆，刘展如主席带队，一行十七人，少不了马先生。当时我还没有进入图书馆工作，具体情况不清楚。好在《百年温图》大事记部分，留下了一条记录。

时隔六年，1992 年 4 月 18 日，市政协五届五次会议开幕，马先生以《应给市图书馆创造条件 为两个文明建设更好地发挥积极作用》为题提交大会发言。他认为图书馆存在三个问题，一是资金投入少，经费严重不足；二是没有图书馆现代化技术设备；三是馆舍小且分散。为此忧心忡忡，呼吁优先解决馆舍问题。

马先生最后恳切地说："我们希望市委书记和市长应具有战略眼光，把发展图书馆事业作为科技兴市、作为建设两个文明的基础事业予以关心和重视，拿出一点气魄来，把认准要办的、已列入计划的事抓紧办好，将该工程立即立项，作为市政府 1993 年为全市人民应办的实事之一。"

正是在包括马先生在内的一批社会贤达的不断推动之下，终于引起市人民政府的重视，又得到温籍侨胞的支持，图书馆的馆舍和其他条件才有了很大的改观。图书馆新馆得以列入 1996 年重点建设项目，选址园西巷，并于 1998 年 10 月迁入新馆办公。

2005 年落成的府西路总馆，可以说是新新馆，马先生按捺不住喜悦的心情，在家人的陪同下专程来市图书馆参观。

2000 年 3 月 19 日，马骅（右）与马允伦在《马叙伦》出版座谈会上。王勤 摄

我把当天日记复制如下：

2005 年 11 月 24 日，（周）四，晴。

午前马骅先生、林老师在大观夫妇陪同下参观图书馆，特地找到七楼看我。告诉他，昨天《我所认识的汉奸胡兰成》拜读了。猛补说《中华文化的今生前身》油印稿近日见到，入库却没能寻出。大观十月退休，上周来办证，回去跟父亲说，马先生于是有今天之行。大观先生与我交换名片。提及沈老师，他说《何白集》搞得很苦。

马先生事先没有通知，我们喜出望外。马先生远远就喊："卢礼阳，卢礼阳。"同事赶紧招呼我。我连忙下楼迎接。当时马先生年届九旬，坐着轮椅，由大观先生推着上楼。我随后通知了潘猛补、柳树椿等几位同事。《中华文化的今生前身》油印稿，署名张嘉仪，即胡兰成避居温州时期的化名。纳闷的是后来古籍普查时此稿依然没有"浮出水面"。马先生《我所认识的汉奸胡兰成》刊于 11 月 23 日的《温州晚报》副刊，回忆在温州中学与胡兰成共事期间的见闻，后来收入《莫洛集》（岳麓书社 2012 年 12 月版）下册。柳树椿从事地方文献征集工作，十分投入，而有的人却不理解，偶然露出鄙夷的神情，马先生则对老柳的敬业精神一向赞赏有加，给予好评。大家相见之下，格外感动。印象中，当天没有合影留念，非常之遗憾。与大观先生是初次见面，所以交换名片。马先生上楼时叮嘱："我们的友谊要发展到第二代。"这句话令人受宠若惊，同时感到非常之温暖。

这就是前辈的品格与魅力。

马先生离开我们已经十个寒暑，但音容笑貌铭刻在我的脑海深处，始终难以忘却。马先生与民进先贤的品格、精神一直激励着我，希望自己能做得像样一点，不要辜负前辈的厚爱与信任。

2021 年 5 月 28 日在莫洛先生文学创作座谈会上的发言稿，5 月 31 日改定

今天，让我们吟唱这些不死的歌

——纪念马骅先生逝世十周年

◎ 金丹霞

时间过得飞快，转眼马骅先生离开我们已经十年。这十年间，世界发生了很大的变化。我们今天在这里举办追思马老艺术人生的座谈会，是非常有意义的事情。我很荣幸能借这个机会表达对马老的敬仰和怀念。

认识马老是三十年前的事情。那时我刚刚大学毕业，回到这人生地不熟的故乡，听不懂温州话，对这个陌生的城市也没什么好感。后来我觉得自己能够逐渐融入，与结识了一批包括马老先生在内的温州文化界的前辈长者有很大关系。他们温和亲切，对年轻人真诚鼓励。我那时在温州日报当记者，跑政教文卫这条线。有次参加市政协的考察活动，大家坐在亭子里休息。闲聊间，一位儒雅的长者，目光明亮，笑意盈盈地对我说：哦，原来你就是金丹霞。他说他很关注我这个新冒出来的小记者的文章。老先生普通话讲得很好，不是我惯常听到的那种磕磕绊绊的“温普”。别人告诉我，他就是温州有名的文坛“三老”之一，马骅先生。

此后我多次采访过马老，记得第一次去马老家采访，是 1995 年 11 月，几个月前市文联为马老举办了八十华诞暨从事文学创作六十周年庆贺活动。我那次采访还带去了当时的男朋友，我从心里把他当作了亲切的长辈，因此带男友去让老人鉴定一下。很有意思的是，我第一次采访马老并不是关于他的文学创作，而是他的家庭生活。他讲述了“文革”时期被迫害，从杭州回到温州家中的一幕情景：六个大大小小的孩子知道父亲回来了，大的跑出去迎接，怯生生的小女儿站在楼上，不敢下来。他把六个孩子拥在怀里，一一亲吻过来……这个场景让我很惊讶，因为那个年代祖辈和父辈表达感情的方式都很含蓄，少有如马老这般真情的袒露。那次采访让我真切感受到了老人内心充盈的爱，而且他从来不吝爱的表达。他对世界、对人间、对亲人朋友、对自然万物的爱，都那么真诚而热烈，这些爱从他的心中流淌成诗句，美好而芬芳。

马老有很多诗送给他青梅竹马、一生恩爱的妻子林绵女士。“那些爱情刻下的记忆，时间难以使其泯灭”。采访马老时，他告诉我他和妻子的年龄相差六岁，我也是第一次从他这里听说，温州有个习俗，相差六岁不做亲，但他很骄傲地说：我们一辈子没红过脸。后来每当有人跟我提及温州的这个习俗时，我就把马老的例子搬出来，力证夫妻相差六岁不是个事。

马老每出一本新书就赠予我，称我为“小友”。他的字迹也极为端庄清秀，像他的人一样，干干净净，赏心悦目。

从他的作品中，我看到一颗赤子之心，一颗纯净透明的心，对艺术执着不悔的心。他说自己是“诗国的流浪汉”，在诗之国这个广大无垠没有边界的天地，他走啊走啊走了几十年。执着追求中有苦恼，既怀忧患也有欢乐。但是他仍坚定地说：“我只唱自己心中的歌，从不听人使唤。我是诗之国里不留踪迹不怨辛劳的流浪汉。”

马老很多作品都是在凌晨、子夜时分完成，年过八旬还保持着这样的创作激情，不能不令人赞叹。我翻阅马老的诗集，看到1988年12月31日深夜一时半，其实就是1989年新年第一天已来临的时刻，马老写下这样的句子：“我起来，向每一个新的早晨问候。问候过早晨，我也不忘记问候自己；只是我将问候改为询问。我询问自己的心灵，是否每天都保有良知？是否能明辨是非，爱憎分明？”

他常常这样自省。我觉得，他是用诗歌写下了自己的心灵自传。他也说在所写散文诗作品中，差不多都留有自己的影子。从一个“昂着头，扬着眉，从心底吐出粗犷的歌”的年轻人，到“以心的搏动为自己的歌而击节高唱”的孤独的诗人，从“闯入者之歌”到“大爱者的歌声”，他高声吟唱着“生命的歌没有年纪”。

马老的诗在年轻时就颇有影响，也和很多著名诗人有过交往，但他后来留在温州这个小城，他的歌声因着环境平台的局限，没有被更多的人听到，这是马老的遗憾，也是诗坛的遗憾。

毫无疑问，马老是大爱的歌者，但他笔下的爱“是笑和泪铸成的生命之钟”。

他曾向我讲述在温州中学读书时参加学生运动。他说：“那时，我像个英雄一样，振臂一呼，大家就冲出去了。”已经九旬高龄的老先生，回忆起少年旧事，呵呵地笑出声来。他当时听力不太好，但说起话来依然声音洪亮，两眼生辉。林斤澜、唐湜这些日后成名的作家回忆起学生时代，都说是学长马骅带领他们走上了人生之路和文学之路。

在马老那间不大的居室里，他坐在那把专用椅上，背后墙上挂着的是陈独秀在狱中写的那副著名的对联："行无愧怍心常坦；身处艰难气若虹。"这么多年过去了，我还清晰地记得那一幕，记得那副颇有深意的对联，记得老人若有所思的神态。

他一生多次身处艰难，他不是躲在书斋里的书生，他是关注时代的勇者，他写下了很多充满哲理的诗句：抹掉前人留下的足迹，后人走路就需付出加倍的艰辛；一致的鼓掌，齐声的欢呼，不变的话语，相同的赞颂——这一切构成无声的世界；"伟大"被作为神来崇拜的时候，在烛光摇曳中露出了"渺小"……

"诗人"这个身份常常是他作品中的主人公，他自问：诗人与普通人有什么不同？他说诗人不可有两重性，既有诗人的潇洒，又有市侩的狡狯；诗人是矜持的，他从不低头哈腰而歌唱；诗人是崇高的，他的胸间容不得半星尘埃。诗比生命更宝贵，诗比生命更永久。诗人的心有两半，这一半流出血，滋养那一半孕育的歌。

年轻时我的眼睛只在浪漫热情的诗句中流连，而忽略了他诗作中这部分的内容，直到后来年岁渐长才慢慢明了他对世事的体察和沉痛的感悟。我恍然惊觉，他的诗中不只是爱与美，更有痛与泪。

年少不懂词中意，读懂已是中年人。

马老曾经写过：当死神来临的那天，我将对他说"肉体和灵魂你都可以带走，只要留下我心里不死的歌"。

今天，我们相聚在这里，追忆马老留下的文学财富，共同吟唱这些不死的歌——这，是我们的幸运。

2021 年 5 月 28 日

父亲的长寿

◎ 马大正

1995 年父亲八十岁，已至“杖朝”之年。父亲从来不做寿，这次民进温州市委会和温州市文联发起要给他做八十大寿，父亲无法拒绝。

1995 年 5 月 18 日父亲的八秩寿庆在当时的鹿城区政府大院(即现今的墨池公园内）的市政协会场举办，会场布置得格外喜庆。到场的来宾有统战部、民进、市文联的负责人，还有父亲的许多文坛挚友、交谊很深的战友和学生。

寿庆的气氛十分热烈，父亲面对来宾激情洋溢地朗读了作于寿庆早一天深夜十二时半的散文诗——“八十岁老人之歌”，赢得满堂喝彩。

一位耄耋老者，竟有如此旺盛的创作欲望，如此泉涌的文思，如此高雅的气质，如此神采奕奕，如此充沛的精力，声如洪钟的朗读，使与会者交口称赞。

寿庆之后，父亲仍然笔耕不辍，陆续发表了许多精美的散文诗，仍还为民进温州市委会建言献策，每天接待各界众多的朋友，包括雁荡山白云庵的比丘尼献宝。父亲热忱待客又很健谈，虽然耳朵微背。父亲在八十寿庆之后又生活了十五年。

自父亲八十寿庆之后，他长寿已成为许多人关注的问题。父亲生前面对记者找不出自己任何长寿的秘诀，却找出诸多有悖长寿的因素：

一、半生清贫：退休之前的父亲生活清苦。爷爷虽学过生意，却不大会做生意，手头没攒多少铜钱。20 岁时父亲因领导温州学生运动，遭学校开除和政府通缉，流亡上海；21 岁从上海民光中学毕业，开始文艺创作，靠写文章、编刊物的微薄稿酬生活；24 岁与母亲结婚，外公不会工作，家毁于日本人的炸弹，一贫如洗。后来父亲曾经在几家报社当副刊编辑，月薪低，还因为文章有进步倾向，常遭解聘。解放后，38 岁的父亲只身赴杭州大学执教，生活了 22 年，一直吃食堂，备课至夜深，也只切半个月饼充饥。

二、多年吸烟：父亲早年从事地下革命活动和文学创作，中年在大学授课，批改作业、备课常到深夜，只能用抽烟来提精神。父亲抽的烟都是极其普通的牌子，大多是“飞马”牌，偶尔客人来时，另外买几支“大前门”牌香烟请客。离休后的父亲在写作的时候依然有吸烟的习惯，只是到了晚年吸烟引起咳嗽哮喘加重的时候才戒烟。

三、失眠多梦：父亲一生坎坷的经历和文学创作的兴奋，常使他陷入精神痛苦和情绪激奋的状态，严重影响了他的睡眠。父亲经常失眠，因此“眠尔通”“安定”片常备常服。做梦是困扰父亲一辈子的事情，已经到了无梦不成眠的程度。父亲经常对母亲说，昨天夜里梦见了谁，昨天夜里又梦见了什么事情。父亲做普通的梦，更多是凶险的梦，甚至梦呓连篇。父亲被梦困扰的程度，绝不亚于巴金在《随想录·病中集》中的骇人描述。一天早上，母亲告诉父亲，昨天夜里，父亲在她的枕边吹了好一阵子的喇叭。

四、常吃剩菜：在温州民间，吃剩菜剩饭绝对是一种节俭的优良传统，尤其经过解放前的饥荒和三年“自然灾害”，此风未减，即使在人们开始提倡不吃剩菜剩饭之后，母亲仍然禀承传统未变，父亲只能与母亲享受同等待遇。“烂橘吃甜，烂柑吃凉”，父母从来是以身作则的。

五、从不锻炼：父亲虽然读中学的时候爱好体育运动，但投身社会之后，再也没有锻炼身体的概念，可以说，父亲一生不曾锻炼身体。虽然父亲的朋友、同事坚持打太极拳、练铜钟功健身，父亲始终不为所动。

六、被动“运动”：虽然父亲不爱运动，可他却一直是政治运动的“运动员”。反胡风、“反右”、“文化大革命”都将父亲卷入运动的旋涡，备受精神上的摧残。

1996年10月20日由温州日报与市老龄委联合举办的温州市首届健康老人评选活动揭晓，有二十位老人当选，父亲作为代表发言。父亲说：“在八十年漫长的人生道路上，经受过无数风风雨雨，缘何能保持身心健康呢？一是身心的健康与信仰、理想分不开；二是一生中始终追求真善美，歌颂大爱，尽自己所能去帮助别人，助人为乐；三是有一个美满家庭。”

三者之中最可以解释父亲能够长寿的原因，便是“仁者寿”。父亲是一位仁者，他对生命、对大自然、对友人充满了爱。他将爱化作助人为乐，从中得到了由衷的快乐。

2021年6月13日

我的岳父叶云帆

◎陈文杰

我的岳父叶云帆，原名叶杞，别号慈云居士，清光绪三十四年农历六月十三日（公历 1908 年 7 月 11 日）出生于温州大南门叶宅，公元 2006 年 3 月 24 日逝世，享年九十九岁。自谓满清、民国、共和三朝遗民。少年富贵、中年跌宕、晚年享福。浙江省文史馆馆员、民革浙江省委顾问、温州市第六届人大代表、温州市第五届政协委员、民革温州市委委员、中华诗词学会会员、温州求知业余学校首任校长。著有《慈云居砖玉集》，并在《古今谈》《团结报》等报刊上发表大量文章。

书香门第 官宦人家

岳父祖籍宁波慈溪，其曾祖父叶春圃于一百六十多年前的清咸丰年间来温州城南开设“裕丰”南北货商号，经营有方，生意兴隆。至祖父叶啸溟时，放弃经商参加科举，中了秀才。当时温州因中英《烟台条约》而开埠，英国人在江心屿设有领事馆，叶啸溟被聘为文书兼教领事学习汉语。

叶啸溟迎娶蝉街官宦之家孙姓的女儿为妻。孙家原籍云南楚雄，后一直在浙江为官，历任乐清、瑞安、平阳等地的父母官。夫妇俩育有三子四女。长子淑曾国学功底很深，一度在浙江、福建等地政府部门谋事，可惜五十岁时因病去世。三子翰翔早年进京，就学于高等实业学堂化学系，但一生时运不济，年仅四十岁即一病不起。

唯有二子叶适庵历经三朝更替，在风云变幻中起伏浮沉，不仅因首任温处邮务总办而在温州邮政史上留下浓重的一笔，而且顽强地活到 1972 年，以九十三岁的高龄无疾而终。

叶适庵早年因父亲的关系，在江心屿领事馆学习英语，据说他是温州学习英语的第一人。后由领事馆推荐考入瓯海关，助理邮政工作。当时中国尚未设邮政专局，一切邮务均由海关税务司代办且均为外国人。后来随着业务日趋繁忙，清政府才设立邮传部，各地

叶云帆

分级设立邮局。叶适庵即被任命为首任温处邮务总办，主持温州、丽水两地邮政，据说他还是第一位中国人担任此职。

当年叶适庵迎娶了百里坊马家的小女儿陆森为妻。马家也是温州的名门望族，有“书画传家三百年”之称，两人婚后育有三子二女。叶云帆为长子。长女叶韵琳回嫁马家表兄马素达（马公愚的四弟），次子叶建吾从前在盐务部门工作，解放后转上海缝纫机厂至退休，享年九十二岁。三子叶柽，十八岁即离家，考入北京大学，抗战期间在昆明西南联大毕业并留校任教。1939 年赴美留学。1947 年春，联合国中文翻译处向全世界公开招考中文翻译，聘请林语堂任考官命题，录取四名，叶柽即是其中之一，足见成绩优异。据说 1954 年在瑞士日内瓦会议上受联合国指派担任周恩来总理的翻译。在秘书处资格很老，后任联合国秘书处中文部副部长。工作了三十多年，退休后又以联合国会议事务厅中文高级审校的身份留任了八年。1972 年 2 月，美国总统尼克松访华后，他是第一批提出申请回国探亲的旅美华人之一。 近四十年没有回乡的他于 1973 年春、1976 年春两次回温探望年届期颐的老母（她于 1979 年离世，享年九十七岁）。叶柽于 2004 年 2 月病逝于美国，享年八十九岁。小女叶韵玫，金陵女大毕业，上海华东师大英语系教师，退休后移民美国，今年九十四岁，仍独居旧金山。

沪上求学 立志从教

1908 年 6 月，赶在祖父母六旬双庆之前降生的叶云帆，成了全家人的心肝宝贝，他少年聪慧，才思敏捷。还是在家中私塾启蒙之时，某日伯父前来巡视，抬头见墙外红梅初放，便挥毫写下“春信梅先得”，小小的云帆略一思索对曰“岁寒柏后凋”，博得在场的大人们赞赏。

1923 年，十五岁的少年叶云帆只身赴沪求学。先是在青年会中学插班，后转到青年会职业初中，第二年暑假投考歧义教会学校圣约翰大学被录取，编旧制三年级。仅就学一年，上海即发生“五卅”惨案，充满爱国热情的叶云帆和同学们离开圣约翰转入国人创办的光华大学哲学系就读。胡适、李叔同（弘一法师）等曾是他的老师，1930 年夏获得学士学位。

叶云帆学成归来在家乡开始了他终生热爱的教育事业。先在浙江省立十中（温州中学前身）任英语教师并在旧温属六县联中兼课。1942 年联中增设高中部，改名永嘉中学（温州二中前身），他负责创办事宜并出任校长。此时正值抗战时期，在外的温籍学者、艺术家纷纷回乡避难，他借机聘请了夏承焘、汪起霞、钱天起、潘希真（琦君）等来校任教，一时间永嘉中学名师荟萃。1944 年温州第三次沦陷时，多数学生、教师随家人各自逃难，永嘉中学部分班级迁往楠溪江畔的岩头镇。而此时的温州大南门叶宅惨遭大火烧毁，所有房屋、家具、书籍、字画、衣物皆成灰烬。身为校长的叶云帆不顾家园仍带领部分教师、学生坚持在乡间办学，直至抗战胜利回迁温州城。

中年跌宕 终渡难关

1931 年，叶云帆初执教鞭，在联中兼课时，认识了联中的女学生郑品芬。三年后，两人喜结良缘。蜜月刚过，新娘即赴沪继续学业。不料半年后在上海病逝。垂危之际，他急赴上海探望，情切之际乘上当时外国人在温州开办的水上飞机交通前往。其代价非一般人所能承受。可惜赶到妻子身边时，依然无法挽回其年轻而美丽的生命。从此他专心办学，誓言“倭寇未灭，何以家为”，不愿续娶。

直至1948年，才从大南门蔡宅巷老屋的废墟上重建家园，并请表兄马公愚题写宅匾“慈云居”。年届不惑，经好友、白景德医院医师陈梅豪先生介绍与亦曾是当年联中的女学生郑笑苹女士结婚，当年得子，名宏湛。

1949年，温州和平解放，学校改制，叶云帆在家闲居了两年，后为生计也是为避开他弄不明白的政治运动，赴沪谋职。还是老本行，先后在浦光夜校、振民补校、光实中学、第七女中任教。1955年夏，女儿宏洁出生在上海淮海路的家中。

我的岳母郑笑苹于1924年3月12日出生于温州，是位典型的贤妻良母，精打细算，勤俭持家。数十年来上奉耄耋的公婆、老母三人，下顾一双成长中的儿女，老来还不辞辛劳抚养外孙并远渡重洋赴美照顾两个内孙，虽得天伦之乐，但其辛苦程度可想而知。她是叶家四代人的功臣。于2010年病逝于美国新泽西州，享年八十七岁。

1958年春，由于岳父在解放前任永嘉中学校长时曾加入国民党，并代理过三个月的区分部书记等历史问题，而被迁往安徽皖南白茅岭农场劳教四年。其实他的历史问题早先已由上海新成区检察院查明并做过“免于起诉”的结论。虽然躲过了1957的“反右”却躲不过1958年的“反右扩大化”。1961年终于获准保外就医。闲居家中期间，带些有志青年教习英语，以补家用。著名的语言学家沈克成就是那段时间他的学生之一。但是好景不长，“文化大革命”开始，1969年，叶家老少被扫地出门，搬到山前街锦春坊一户人家的厅堂里，而大南门蔡宅巷老屋居然住进了六户人家。从此天天挂牌扫大街，时而被揪斗……

四年后的1973年，叶家的命运发生了戏剧性的转变，这一年在美国联合国任职多年的叶柽通过中华人民共和国外交部提出申请要求回国省亲获特许来温。有关部门落实政策归还了占地五百多平方米的大南门蔡宅巷老屋。

1985年岳父在当年的学生，时任全国政协副秘书长沙里的过

1973 年，阔别近四十年的叶云帆（左）、叶桱兄弟重逢

问下，他的“历史反革命”冤案终于得以平反并开始享受国家干部退休待遇；同时被聘为浙江省文史馆馆员。结束了长年的噩梦，迎来了全新的人生。

桃李芬芳 高朋满座

岳父自上世纪三十年代开始从教，数十年来以身作则，诲人不倦，三度任教于温州中学，抗战时国难当头出任永嘉中学校长坚持办学。1981 年改革开放后，创办全市首座民主党派所属的温州求知业余学校，以教授外语为主并再次出任校长，学校一度办得红红火火，获省、市两级先进。

岳父可谓桃李满天下。据我所知所闻，颇有成就者包括：全国政协副秘书长沙里，温州市第一任市长胡景瑊，美国宾夕法尼亚大学数学系教授主任杨忠道，北京大学中文系教授颜品忠、王棣，南京大学教授赵瑞蕻，西安交大数学系教授徐桂芳，温州市人大常委会副主任胡显钦，温州第一中学校长魏忠，温州第二中学校长陈碧，市体委主任周龙，台湾商人叶会定，翻译家周任辛，书法家蔡心谷，著名诗人马骅（莫洛），市政府副秘书长吴正平等等。

上世纪八十年代社会稳定，生活有序，偌大的蔡宅巷独门庭院，花草芳香，客厅里时常是高朋满座，墨客好友，诗唱酬和，谈笑风生，如考古学家夏鼐（上海光华附中高中同学）、词学宗师夏承焘、华东师大历史系教授苏渊雷、中山大学教授王季思、浙师大教授吴天五、中科院数学家谷超豪、温州医科大学眼科专家缪天荣教授与妇产科教授吴性慧夫妇、温州二医院长陈梅豪与妇产科专家朱德英夫妇、温州二医副院长郑求是（姻亲）、温州第一医院院长林镜平等等。更有旧友故交：杨雨农、梅冷生、王敬身、金嵘轩、方介堪、木鱼法师、王思本、谷振声、苏绳武、叶显文、管希雄、陈铁生、曾耕西、实业家吴百亨与蔡暄茶夫妇、方恭敏、樊作虞、邱百川、余毅夫、严琴隐、黄杰甫、吴履严、游止水、林声宇、徐希焘、金作镐、谢印心、蔡少秋、汪远涵、孙孟昭（表姐）、汪起霞、陈冰原、旅法华人冯品湘等人。

纵情诗赋 有感而发

岳父少年就教私塾，饱读诗书，青年赴沪攻研哲学与英国文学，可谓学贯中西，老年犹喜传统诗词，饭后茶余，常与诗友恭酬唱和，遇好事即有感而发，为中华诗词学会会员。

1980 年 8 月 4 日，我们夫妇喜得爱子，作为外祖父的他喜出望外为孩子起名“英白”，取其父母文杰、宏洁的英雄豪杰、洁白无瑕之寓意。次年，孩子周岁，他赋诗一首：

周岁见聪明，老来望后生。
喃喃学笑语，乖乖听歌声。
举手能挥别，抬头欲抱迎。
含饴常绕膝，稚态足怡情。

1982 年 11 月 20 日，《团结报》载有署名琦君的《虞美人》词一阕，怀乡思情，缠绵悱恻。他细读按语，始知作者琦君即是解放前自己主持旧永嘉县中学时所聘国文教师潘希真女士，一别三十余年，音书隔绝，感慨之余赋诗一律：

当年雷雨识才华，一九四三年夏，永中校剧团公演《雷雨》话剧，女士饰演主角蘩漪，博得好评。

书剑飘零是世家。女士为浙江省旧第一师师长潘国纲鉴宗之女。

一别饱经桑海劫，重逢怅隔水天涯。

蜚声台岛传篇帙，女士今在台湾，为著名女作家之一。

追忆巨溪梦笔花。巨溪现属瓯海区，为女士之故乡。

安得浮槎归梓里，江干引领备香车。

1987 年 9 月，岳父赴美探亲，离别时赠柽弟诗一首：

弟昆聚少别离多，异国重逢奈老何。

话旧伴游情意笃，分襟转眼梦南柯。

1998 年 1 月 30 日，恰逢岳父母五十年金婚纪念日，老人家喜赋抒怀：

巧结良缘五十年，永嘉公证首推先。

相随饱历沧桑劫，互助浑忘岁月迁。

嗣孝孙贤堪自慰，心安理得足流年。

重洋三渡天伦叙，一线传呼万里联。

1993 年冬，时年八十六岁，在省文史馆资助下，印出著作《慈云居砖玉集》。

乡土难离 淡泊一生

岳父一生，淡泊名利，处世荣辱不惊，顺则自然，逆则豁达。不从商，不做官，终生从事教育事业。为人师表，有着良好的生活习惯，严谨的工作作风。不吸烟、不饮酒，节俭简朴，从不挑食，没有不良嗜好，注重个人仪表。每每出门总会将自己整理得清清爽爽，年近期颐之年依然身板笔挺，西装革履，风度翩翩。难怪著名

叶云帆与女儿一家
在蔡宅巷老屋合影

书法家林剑丹先生称其为“温州的最后一位绅士”。他曾四度赴美，家人多次挽留为其申请办理美国绿卡均遭婉拒。虽然他对英文报纸、英语电视节目没有任何理解障碍。有一次在参加华盛顿的原圣约翰大学的同学会上，他受邀上台用英语即席发言，侃侃而谈几分钟，获得全场掌声喝彩，且为与会的最年长同学。但他始终不适应美国的生活环境，喜欢温州家乡的日子，故土难离。

他很喜欢琦君的文章，欣赏她的才华，琦君更是敬佩老校长的为人。2001 年 10 月，琦君将回阔别五十二年的故乡温州，在其旧居瞿溪老宅参加琦君文学馆开馆仪式，并省亲及与读者见面。她非常希望作为亦师亦友的老校长能亲临典礼。几十年的交谊，盛情难却，年届九十四岁的老岳父提前结束最后一次的旅美行程，独自一人乘飞机跨越太平洋准时出席典礼，让琦君感动不已！

岳父自我感觉向来特好，九十多岁还去挤公交车，舍不得乘出租车。每次出席社会活动不管刮风下雨，年纪最大的他总是第一个准时到场，而且都坚持到最后，令旁人赞叹有加！

年近期颐之年，我们下辈都还在筹备他的百岁寿庆之时，不料，他却自知来日无多，亲自拟写讣文并委托我将他自觉满意的标准肖像拿去放大一张。几十年来，我深知他的社会交往与名望，届时来客送行者一定不少，放了一张四十八寸的大照片以备用。

2006 年 3 月 24 日凌晨二时，老人家安详地走了，离开了他热爱的世界与家人，往日里他时常和我谈及人生的目标和理想，虽不能至，心向往之。他总结为六项标准："健康的长寿、美满的家庭、宽裕的经济、舒适的住所、融洽的社交、良好的声望。"我总是说："爸爸，其实您已经达到了人生的终极标准了。"您的一生应该无悔！

我们永远深深地怀念您！

2021 年 6 月 3 日

悼念好友温端政先生

◎ 章志诚

天有不测之风云，人有旦夕之祸福。

2020 年 2 月 5 日，温端政先生的左肾患恶性肿瘤，住进太原市太航医院医治，但病情十分严重，出现吐血。头脑尚清醒的温先生打电话给温州中医院医师马大正同志。马大正即和中医院联系，安排他的床位，决心挽救温先生的生命。这一情况我一点都不知道，按常规，每隔十天左右，我都与他通一次电话，有时候，温先生打过来向我问长问短。然而，从 2 月 4 日开始我打电话给温先生没有接；打他的手机也没有接，我开始怀疑，可能温先生有事；我再打他女儿朔彬的手机，而她的手机号码已换了，也未打通，令我惊慌，预感到温先生真的出什么不测之事了。我心里忐忑不安，一直等待温先生子女的消息。2 月 29 日晚上，突然接到温朔彬的来电，说他父亲从太原乘飞机到温州中医院看病，我没有问她其父患什么病，也没有想到是马大正名医约温先生来温州中医院治病的。这天夜间我一直没有入睡，等待他飞机抵达温州机场时间。我等到凌晨四点钟左右，才接到温朔彬的来电，说她父亲已在温州机场候车室，等候马大正医师派车来接。天将亮时，温州中医院派小车把他们接到温州市郊六虹桥温州中医院，安排在该院综合楼七楼十七号消化内科病房。

温先生住院期间，正是武汉地区新冠肺炎病毒蔓延高峰期。为防控新冠肺炎病毒感染，进中医院的人都要戴口罩、在医院门口登记身份证、手机或电话号码、出示健康码等，方可入院看望病人。在温先生住院的第三天，我和当年温先生在温州新华书店的同事陈钱龙二人去医院看望他。他挂着药剂和我俩打招呼，叫我们坐下。我俩坐了半个多小时，因吃中餐时间将至，与他的女儿聊了几句就回家了。

3 月 21 日上午，我和陈钱龙、金玫清（女，原温州新华书店同事）三人去中医院看望温先生。他神采奕奕，满面笑容，叫我们坐下，将手中的笔记本递给我们，叫我们在他的笔记上签字留念。我接过温先生的笔记本，写上“请老天爷保佑您身体健康长寿”十三个字，并签上我的名字。随后，陈钱龙、金玫清在我的名后也签上自己的名字。因吃中饭时间快到，我们向温先生及其子女打了招呼就回家了。万万没有料到，在我们看望他三天后，即 3 月 23 日晚上七时三十分，温先生就与世长辞了。噩耗传来，我眼泪横流，无比悲痛，夜不能寐，往事一件件、一桩桩浮现在我的脑海里……

一

温端政（1931—2020），浙江省温州市平阳县麻步乡（镇）雷渎村人。该村位于鳌江中游南岸。据《温氏宗谱》记载：明嘉靖年间（1522—1566），温氏由闽迁居于此。民国二十二年（1931）九月二十八日，他降生在该村一户温姓人家中。

这户温姓人家在雷渎村乃至麻步乡（镇）是赫赫闻名的富裕人家。小温的祖父以经商致富，购买了一百余亩土地，盖了两座七间大瓦房：一座给其伯父；一座给其父亲。其伯父不赌博、不吸毒，从政工作，是国民党员，当过平阳县北港区区长，后来又当了平阳县麻步乡乡长；其父早年毕业于一所法律专科学校，曾任平阳县鳌江镇盐站主任，后来又当了平阳县北港区田赋主任。家中平常雇用一个长工、一个保姆（主要为长工煮饭），农忙时雇两个临时工。可以说，小温出生在这个既富裕而又有权势的家庭中，童年时代是乐哈哈的。

小温七岁时，家人就把他送到麻步乡鳌峰初级小学受启蒙教育。1942 年，鳌峰初级小学更名为“麻步乡中心学校”。他在该校念完高小课程毕业后，于 1944 年春，考入了离他家三十华里的平阳县南雁初级中学（今平阳县第二中学前身）。他考入初中前，生母就去世了。他入学后，因离家较远，便住校就读。

平阳南雁初级中学（以下简称“南雁中学”）设在平阳县北港水头镇，地处山区，日军难以到达，安全系数比沿海地区高，因而有些沦陷区的大学教授、中学名师纷纷来南雁中学任教。温端政读初中第三个学期时，我才考入南雁中学，比他低一年半。我家住在鳌江以南的本邑白沙乡二河村（今属龙港市），到南雁中学读书，先要从自家坐小河船到方岩下或湖前直浃河埠头坐航船等候涨潮时沿江而上，抵达北港水头，行程七十华里。因此，我到学校注册后，因水头街举目无亲，也住校就读。读书期间，无论年级比我高的同学或是年级比我低的同学，都同在一个食堂吃饭，朝夕相处，同学都相识。我知道，温端政年小、聪明，学习成绩优异，是他班级中的学习尖子。但他跟同学说话，有点口吃。1947 年春，他考入了浙江省立温州中学高中部。当时，我还在南雁中学就读，对他考上温州名校产生羡慕，但没有与他书信往来。

二

1948 年 7 月，我自南雁中学毕业后，考入浙江省立温州师范学校普师部。同年 9 月入校注册，享受公费待遇，不用家庭很多的经济负担，而且在这所学校毕业，还可以当小学教师，生活有保障。

温州师范学校设在平阳县万全区郑楼乡。郑楼，地处河网地带，河流交错，船只来往如梭，交通便利，环境优美，校中名师荟萃，教学认真。1951 年 7 月，我普师毕业后，被组织分配到温州专员公署文教科工作。不多久，奉调中共温州地委干校文教班学习，学习结束后，调温州冬师培训班工作一段时间后，重返温州地委干校，被分配第四班班部工作。时值党校开展“三反”(反对贪污、反对浪费、反对官僚主义，而主要是反对贪污)、“五反”（反对行贿、反对偷税漏税、反对偷工减料、反对盗骗国家财产、反对盗窃国家经济情报）运动。

在温州地委干校工作期间，有一天到市区四顾桥新华书店买书，看到温端政在柜台内站着，我吃了一惊，便问道：“端政！您在新华书店工作呀！”他答道：“是啊！志诚，您在哪里工作？”我说：“在温州地委干校第四班班部工作。”我看书架上陈列的书没有适合我要买的书，与他聊了数语，就返地委干校了。

另一次，校部在信河街应道观巷大礼堂举行批斗贪污分子大会，我见到温端政坐在那里，因他的座位与我的座位相隔较远，我没有前往和他打招呼，也不知道他有否看到我。此后，我一直不知道他是否还在温州新华书店工作。

三

有缘千里相逢。我与温端政阔别近半个世纪之久的1990年5月，却在修志战线上和他会晤，而且此后与他的关系渐趋密切，交往频繁，竟然达到“称兄道弟”的地步。

事情得从1989年秋说起，苍南县地方志编纂委员会常务副主任温简裕同志邀请他为《苍南县志》编写方言篇，他一口答应。他认为，苍南县是不久前（指1981年6月18日）从平阳县析出新建的县，平阳县是他的故乡，从某种意义上说，苍南也是他的故乡。故乡人请他为故乡编写方言篇，怎能推托呢？他接受邀请后，即刻从太原来到苍南县调查方言，原先打算写一两万字即可。他经初步调查后，感到苍南县方言众多而且特别复杂，需要做比较详细的记录。他与《苍南县志》主编萧耘春、副主编杨奔及县志办公室主任徐启豆等反复讨论之后，认为需要编写《苍南方言志》。于是，他延长了调查时间。在调查中，除了把一定精力放在苍南闽语和苍南瓯语外，大部分精力都放在蛮话、金乡话和畲话的调查上。

调查方言结束后，温先生返回太原整理调查资料。在整理过程中，他又发现不少问题。怎么办？有的通过与发音合作人采取通讯联系得到了解决；但多数问题还未搞清楚，需要补充调查。他征得苍南县志办公室同意之后，再次从太原到苍南核对和进一步调查。他来苍南时打电话给我，说自己拟选龙港镇（今龙港市）调查方言。我接他电话后，叫我的侄子章云虎把他安排在龙华饭店住宿；我即刻从温州到龙港镇与他会面，听取他的调查计划、内容和安排。他说，这次主要是对龙港镇“瓯语”进行调查。我知道，龙港镇的居民是从江南垟各地迁居于此，其方言相当复杂，怎么可以把“龙港话”作为“瓯语”的代表呢？我想与他交换意见，但又仔细一想，我不是方言研究专家，应该由他定位、说了算。

温先生从龙港镇调查返回太原后，动作很快，不多久就修改成

《苍南方言志》三十余万字，由语文出版社出版，费用均由苍南县地方志编纂委员会承担。苍南县县长黄德余和中国语言学会会长侯精一分别为该书作序。侯精一先生认为:《苍南方言志》是一部很有特点的书，它记录了一个地方五种差别很大的方言：一、属闽南话的浙南闽语。二、属吴语的瓯语。三、属吴语或闽语的蛮话。四、基本属吴语但又明显比四邻方言接近普通话的金乡话。五、属客家话或闽南话的畲语。[1]《中国语方》1992 年第 1 期刊登了华东师范大教授颜逸明《评苍南方言志》一文，他对《苍南方言志》做了全面、客观的评价。《温州方志通讯》1992 年第 1 期转载了颜逸明教授的这一书评。[2]

四

1990 年 5 月，温端政先生来苍南县龙港镇补充调查《苍南方言志》期间，我邀请他为《温州市志》撰写方言卷，他满口答应，说“义不容辞”，并积极行动。他在《苍南方言志》出版后，曾从太原两次来温，为我们召集温州方言研究专家、学者会议，布置编写《温州市志》方言卷问题:

第一次: 1991 年 8、9 月间，在温州市区广场路市府院子内市地方志办公室召开温州市方言专家学者工作会议，应邀出席会议的有傅佐之、杨乾明等十多人，温先生向与会者谈了编写《温州市志》方言卷的重要意义，向与会者布置了编写任务、要求及完成时间，并向每人预付两百元资料费。

第二次: 1991 年 11 月 6 日下午，仍在广场路市府院子内市地方志办公室召开温州市方言专家学者工作会议，应邀参加会议的有潘悟云、陶梨梨、杨乾明、陈圣格（泰顺中学老师）和温州市志分

[1] 温端政著:《苍南方言志》，语文出版社 1991 年 3 月版，第 3 页。

[2] 章志诚主编:《温州方志通讯》，1992 年第 1 期，第 32—34 页。

管社会块的副主编吴孟前、《温州方志通讯》编辑部编辑马克等十多人。温先生在会上说："我虽在山西太原工作，但我心一直挂念此事，一天未完成，一天于心不安，好像欠了故乡人民一笔债似的。"[1] 他首先听取大家汇报编写工作进展情况，然后根据大家的意见，在编写内容、任务上做了相应调整，再次明确分工，要求大家："尽心尽力，多做贡献，尽量争取早日完成编写任务。"[2]

温先生回太原后，身为《温州市志》主编，我心里不安，觉得市志方言卷的编写任务能否及时完成没有把握。岁月不饶人，不赶上编写进度，就会拖《温州市志》评审会的后腿。于是，我反复考虑，准备另起炉灶，改请温州籍另一名研究方言的专家、华东师大中文系教授颜逸明承担《温州市志》方言卷编写任务。我把自己的这一设想，打电话告知温先生，征求他的意见。他说："让我考虑一下，明天回您信。"第二天上午，他来电话告诉我："改请颜逸明教授承担市志方言卷编写任务我没有意见，但必须做好我原聘请的市志方言卷撰稿人的思想工作，向他们说明原因；只收回他们送来的稿子，不收回我们原来预付的资料费。"

温端政先生同意我改请华东师大中文系教授撰写《温州市志》方言卷之后，我即刻打电话给颜逸明教授，请他为《温州市志》撰写方言卷，他一口答应。接着，我派市志办公室干部施良斌同志持市地方志编纂委员会介绍信专程赴上海华东师大聘请颜逸明教授撰写市志方言卷。1992 年 4 月，颜逸明教授应邀来温，住寒舍两夜。因为他和我在平阳县南雁中学和浙江省立温州师范学校普师部读书时都是上下年级的同学。我与他既是同乡又是同学，关系非常密切。他又与温端政先生既是初中校友，又是在研究方言战线上的好友，我改请颜逸明教授撰写市志方言卷，既不会相互之间产生矛盾，从某种意义上说，又减轻温先生的思想负担。此举，是两全其美。

[1][2]《温州方言志》编纂组：《重新部署，加快编写速度》，《温州方志通讯》1991 年第 4 期，第 12 页。

五

1993年10月27至29日，苍南县地方志编纂委员会在苍南县档案馆会议室召开新编《苍南县志》稿评审会。参加这次评审会的有苍南县委、县人大、县政府、县政协四套班子领导同志，县地方志编纂委员会全体成员和县志办公室全体工作人员；县各部门和直属单位负责同志；平阳县县长池欣昌和原苍南县委书记（今杭州市政协副主席）胡万里同志；省、市地方志办公室领导同志及有关编辑人员；本市各县（市）志主编；《苍南县志》顾问、杭州大学历史系教授、博士生导师徐规，山西省社会科学院语言研究所所长、研究员温端政，安徽省《清明》杂志编审张禹先生，福建省福鼎县县志正、副主编等，共计四十多人。

苍南县志编纂工作始于1989年7月，历经四年完成县志初稿，计三十六个分志，约一百三十万字。

评审会上，有二十多位修志同仁和专家学者踊跃发言，各抒己见，较多的同志认为《苍南县志》稿是一部具有一定水平，可以作为修改基础的好志稿。主要表现在：指导思想明确，资料比较丰富，篇目框架比较完整，时代精神与地方特色比较鲜明，文风比较朴实。但从志稿的高标准、严要求看，大家认为最大的问题是：一、与平阳县志的关系还未处理好，内容重复较多。普遍提出，苍南县志主要是"立足苍南，明古详今"，写出苍南的特色；二、苍南的地域和时代风貌还写不足，例如闻名全国的乡镇企业、小商品市场等，尚需浓墨重彩；三、资料的考订、核实工作还要花点力气。为此，与会的两位专家提出如下几点意见：

一位专家说：志稿"准、深、新"不够。

另一位专家云：志稿"实、高、深、新"不够。

以上两位专家的意见，提法不同，但要求大致相近。"准"与"实"，是指资料方面要准、要实；"深"与"高"，是指志书写得要有深度，要高质量，有些事不仅要知其然，还要知其所以然；"新"，即要写改革开放中的新鲜事物，突出时代精神和地方特色。

值得我们点赞的是，温端政先生对故乡的修志工作高度重视，关怀备至。[1] 他就闻《苍南县志》初稿完成、赴《苍南县志》评审会途中、贺《苍南县志》审稿会开幕以及住灵溪镇晨登灵溪山有感等，连续作七言绝句四首：

第一首:《闻〈苍南县志〉初稿完成》。

大业流芳无尽穷，
辛勤数载喜成功。
宏文精写古今事，
多少英才巨著中。

第二首:《赴〈苍南县志〉审稿会途中》。

四十春秋未觉长，
星移斗转发生霜。
身居北国虽无憾，
难忘江南是故乡。

注：江南，指鳌江以南。

第三首:《贺〈苍南县志〉审稿会开幕式》。

十月苍南飘稻香，
群贤毕至读华章。
字斟句酌求严谨，
宏著来年四海扬。

第四首:《晨登灵溪山有感》。

[1] 1993年10月22日至26日，中国语言学会第七届学术年会在北京语言学院举行。温端政应邀出席，并在会上宣读了题为《从浙南闽语形容词程度表示方式的演变看优势方言对劣势方言的影响》。会议结束后，马不停蹄，从北京赴苍南参加县志稿评审会。

红日如轮出树中，
辛劳创业古今同。
稻香四野灵溪水，
更喜又传司马风。

注：司马，指司马迁、司马光。

六

1993年底，温端政先生已到退休年龄，主编《语文研究》的担子，将改由他人担任。我知道这个情况后，打电话给温先生，请他担任《温州市志》特邀编审，帮助我们审阅市志重点志稿，他乐意接受，说自己为家乡做好事，责无旁贷。但温先生是个大忙人，邀请他帮忙的人，应接不暇，我不要求他马上为《温州市志》出力。

1994年5月上旬，他应台湾清华大学语言研究所所长张光宇先生和台北市温州同乡会的相继邀请，于5月25日动身，经香港赴台湾，先参加台湾音韵学术研讨会，宣读题为《浙南闽语的特点》论文后，去台湾师范大学、中正大学、新竹师范学院等院校讲学，与师生座谈交流；继而，赴台北市温州同乡会访亲、会友，历时四十九天，于7月13日和他在台湾当兵退役的胞兄温端啸返回大陆。他俩去平阳麻步老家后，温先生独自返温，并将自己在台湾讲学、访亲会友中所见所闻的人与事，撰写了一篇题为《客处如归——访问旅台温州同乡会纪事》的文章送给我。我阅后认为此文写得不错，便将它刊登在《温州方志通讯》1994年第3期。

温先生和马骅先生师生之情很深，他首先向马先生汇报访台情况，然后把台北市温州同乡会的一位初中同窗好友陈继枢学长赠送给他的一件内衣转送给马骅先生，以资留念。随后，他到温州市地方志办公室向我谈了访台情况，并住寒舍十多天。在这期间，他审阅华东师范大学教授为《温州市志》撰写的方言志稿，认为写得挺好。他在寒舍逗留期间，打电话给太原的贤妻陈秀娟，请她来温一趟，和她同返太原。陈秀娟在我家吃了一顿便饭，次日他和夫人返太原老家。

1994年12月20至22日，温州市委和市人民政府在市府小礼堂召开《温州市志》稿终审会。应邀参加评稿会的有：市委、市人大、市政府、市政协领导同志和军分区代表，市有关单位及部门负责人，省方志办领导人、浙江人民出版社编辑，金华、丽水、台州市地方志正副主编，温州市各县（市）志正副主编，温州市志正副主编及全体工作人员，以及省外与市区的专家、学者等共六十多人。

与会专家、学者和修志同仁对《温州市志》稿进行了认真讨论，既肯定《温州市志》稿编写得成功的方面，又从各个角度提出了许多宝贵意见和建议，并建议对志稿中存在的一些较大的问题，如篇目设计、归类、缺漏增补等问题，在总纂中需要加以解决。而温端政先生就志书的"严谨"问题提出了宝贵的意见。他说："严谨"，是治学者的学风，也是修志者的作风，它关系到志书的生命。他先以"凡例"为例，提出了几处毛病；然后以某卷为例，指出十个不"严谨"：一是内容上似是而非，论断上含糊；二是内容与本志无关；三是言之无物；四是语焉不详；五是名实不符；六是呼应不妥；七是体例不一；八是文白相杂；九是概念不清；十是同语累赘。

《温州市志》稿评审会结束后，在市志总纂过程中，我们尽量采纳省方志办主任魏桥，杭州大学历史系教授徐规，杭州大学历史系教授、方志学专家仓修良，省社科院历史所所长、研究员陈学文，山西省社科院语言研究所所长温端政及金华、丽水、台州等地修志同仁和本市各县（市）方志主编的宝贵意见和建议，从严把关，确保志书质量。

七

《温州市志》稿评审会后，温端政先生返回太原。尽管他早在1993年底就卸去身兼多职的职务，《语文研究》主编改由沈慧云担任，但他还兼任《语文研究》编辑委员会主任，仍在孜孜不倦地研究语言学。

2005年春，温州市图书馆卢礼阳先生（今为温州市图书馆研究馆员）叫我采写温籍语言学家温端政先生的生平业绩。我遵嘱，除我对他了解的一些情况外，通过电话采访温先生的许多生活与工作细节，并用龙海二的笔名，撰写了一篇题为《风雨拼搏铸辉煌——记温籍语言学家温端政》的长篇通讯，全面、系统地记录了温端政自1931年9月诞生至2005年7月，合计七十四年的人生历程及其学术成就。笔者将此稿投寄《温州读书报》。该报2005年第10至12期连载了拙文。以后，拙文又被收入卢礼阳主编的《瓯歌——〈温州读书报〉文选》（上海远东出版社2011年9月版）。

岁月匆匆，人生如梦。转瞬间九年过去了。2014年11月中旬，平阳县麻步镇雷渎村《温氏宗谱》完成后，父老乡亲邀请温先生为《温氏宗谱》作序。温先生率次女朔彬、保姆一行三人于11月13日从太原乘飞机到温州机场，雷渎村温氏乡亲驾小车把他们接到麻步镇雷渎村，使他有机会参观新建的悬有他题写牌匾的温氏宗祠，参观名闻遐迩的白鹤拳武术馆，还让他为武术馆撰写纪念碑文。温先生一行多人在父老乡亲的陪同下参观麻步镇街道建设、鸡笼山景点等。

难能可贵的是，温先生不忘在温州的旧友、校友、好友，于2014年11月16日下午，请雷渎村的乡亲把他和次女朔彬及保姆三人送到温州市鹿城区人民东路花园大酒店住宿。我请他们三人住在该酒店的原因：一是，它距离我的住处及温先生当年在温州新华书店的同事、又是与我一墙之隔，当年与我在中共温州市委宣传部共事的陈钱龙同志较近；二是，它与距离住在蒋家桥盛德大厦的卢礼阳先生较近。他们三人来温州的当晚，热情好客的卢礼阳先生抢先在温州七枫巷一家酒楼设宴招待这三位贵宾，应邀参宴的有马大康、马大正、沈克成、章志诚、方韶毅等十多人。11月17日上午，卢礼阳夫人瞿爱钗驾小车把温先生和次女朔彬、保姆三人，以及礼阳和我送到朔门轮渡码头，乘渡轮到江心屿游览风景名胜，中午在浩然楼请这三位贵宾用午餐。下午三时许从江心屿返回市区。当晚七时，我和陈钱龙两人请这三位贵宾在上陡门西子新村食堂吃晚餐。晚餐后，他们三人到老同事陈钱龙家坐了片刻，然后，他们三人又到我家坐了片刻。我看他们三人今天在江心屿游览了一天，有点疲劳的样子，便送他们三人到花园大酒店休息。第二天上午，平阳县麻步镇雷渎村乡亲用专车把他们三人送到温州机场返回太原。从此以后，温先生再也没有机会来温州访亲会友。

八

不过，温先生和我电话往来还是很频繁的，几乎每隔十天左右，不是他打电话给我，就是我打电话给他，互询近来搞些什么研究。他对我无所不谈，我对他该讲的都讲。据我所知：1978 年 7 月，温端政先生从山西省运城县北相公社奉调省社会科学研究所（今山西省社会科学院前身）参加筹建该所语言研究室后，山西省教育厅随即把温先生的夫人陈秀娟同志调山西省教育学院任教化学兼化学系主任；把温先生在北相公社的四个孩子也调回太原，并分给温先生一家两间房子，使他安顿下来，无后顾之忧。他回归自己所学的语言专业时，已在农村荒废了十五年宝贵年华，但他没有后悔，反而觉得有重大收获，即加入了伟大的中国共产党，放下了地主家庭出身的历史包袱，轻装前进！

总观温端政先生在北京大学攻读语言专业从 1957 年的大三年级开始至 2020 年 2 月初住进太原市太航医院前的六十三年间，从事语言学研究和辞书编纂等成果丰硕。据不完全统计：他主编出版的方言志、语汇学、语词学及辞书等一百一十二部，其中与他人合作主编的二十一部；发表有关方言、语汇、汉字和语文教学的论文七十七篇，其中与他人合写的六篇；书刊评介五篇；译作两篇，其中译者之一一篇；为辞书撰写“前言”“序言”三十五篇，其中与他人合写的一篇，参与编著（提供资料）的四篇；语文短评及纪念性文章十三篇。

在上述一系列语言学研究成果中，温先生对社会突出贡献的主要有以下三项：

第一，主编《语言研究》杂志。

1978 年 10 月 10 日山西省语言学会成立后，孟维智、温端政、于靖嘉、吕枕甲、张凤瑞同志任理事；孟维智同志任理事长，温端政同志任副理事长兼秘书长。1980 年 6 月中旬创办《语文研究》，温先生任主编，先刊出半年刊，后改出季刊，1985 年开始，《语文研究》由中国国际图书贸易总公司向国外发行，从而走向世界五大洲。

《语文研究》自创办以来，温先生带领一帮人克勤克俭，兢兢业业，忠诚于语言事业，忠诚于文明建设，忠实地反映我国语言学之时代精神，忠实地反映我国语言学之时代面貌。

1992年，《语文研究》由北京高校图书馆期刊工作研究会和北京大学图书馆联合研制、经中国图书学会鉴定、由北京大学出版社出版的《中文核心期刊要目总览》，把《语文研究》定为“语言学／汉语类”核心期刊，名列前茅。1994年7月，中国语文报刊协会在北京召开首届全国优秀语文报刊评审会，《语文研究》受到表扬，并列入获奖名单。后来又被评为山西省一级期刊和华北优秀期刊。此前一年，即1993年底，温先生虽已退休了，但他主编《语文研究》十多年而付出的辛勤劳动，功不可没！

第二，主编汉语工具书大系（新一版）大辞典。温先生花费心血，勇挑重担，近年来主编出版的有《中国谚语大辞典》《中国惯用语大辞典》《中国歇后语大辞典》和《中国俗语大辞典》四部；另两部他人主编出版的有《中国成语大辞典》和《中国典故大辞典》。上述六部（新一版）汉语工具书大系中，温先生主编的（新一版）工具书占其中三分之二。

第三，主编大型工具书《语海》。2012年四月，温先生与上海辞书出版社签订了出版合同，计划字数一千两百五十万字，计划2017年12月完稿，2020年出版。该书已列入“十三五”国家重点图书出版计划，他希望在有生之年能看到这部巨制的问世。遗憾的是他的愿望没有实现。

温先生从事语言学研究，奋斗经年，成果累累，受到社会的肯定：早在晋北师专工作期间，他被推选为参加省、地、县三级群英会代表，1995年，他被补授山西省劳动模范称号。调入山西省社会科学研究所（1983年改为山西省社会科学院）后，获得荣誉更多。1986年国家人事部授予“中青年有突出贡献专家”称号，1991年山西省委、省政府授予“山西省优秀专家”称号，同年获国务院授予的政府特殊津贴。2001年山西省社会科学院聘他为资深研究员；

2010 年，中共山西省社会科学院党组授予“敬业奉献标兵”的荣誉称号；2012 年被山西省社会科学院聘为终身研究员。

人不是铁打的。温先生由于长期夜以继日地工作，为祖国语言学研究争光，又为温州首轮修志事业出力，积劳成疾，身体渐趋衰弱，以致病入膏肓，医治无效，年八旬晋九。

温先生的故乡，是浙江省平阳县麻步镇雷渎村，风景秀丽，温氏家族和睦，相亲相爱，您就在此安息吧！

2020 年 12 月 31 日撰于鹿城区上陡门西子新村

戏痴戏精尤文贵

◎ 张思聪

若是说起新中国温州戏剧文学队伍，尤文贵是个绕不开的名字。他是解放后新中国的第一代剧作家。上世纪五十年代，当他的成名作话剧《雷雨夜》发表在《剧本》月刊时，我还是个初中生，从这个意义上来说，他应该是我的老师辈。而后我进入编剧行列，我们成为同行，而且还有过非常愉快和谐的艺术合作，因此又成为好朋友，所以他对我来说又是亦师亦友的关系。几十年里，不但在作文方面，而且在做人方面，我从他身上都学习到很多东西。我觉得他是一个戏痴，又是一个戏精，是一个为戏而生，为戏而活了一辈子的纯纯粹粹的戏剧人！

首先，他是一个戏痴，痴迷的痴。文贵先生是一个绝顶聪明、多才多艺的人，凭他的才干，在很多领域他都可以有所作为。如有一段时间，他遭受不公正待遇被打成“右派”，为谋生路，无奈从事过一段时间企业工作，他也照样干得有声有色，如果继续干下去的话，温州说不定还多一个著名的企业家。可是他不！温州有句俗话说：瑞安出才子，平阳出戏子。出生于戏剧之乡平阳的文贵先生就是喜欢戏曲，而且毫不犹豫地终身不悔。所以当他平反后，马上就重新拿起了笔，做他喜欢做的事。他对戏曲的喜欢，不是一般意义上的喜欢，而是非常虔诚地怀着一颗敬畏之心的喜欢，是作为一种责任，一种事业来对待的喜欢！绝对不敢有丝毫的懈怠，更不敢像现今某些人那样，抱着一种玩玩而已的心态来逢场作戏。因此，纵观他所有的作品，从字里行间我们都可以读到他对国家、对社会、对人生、对艺术的认真、执着和忠诚。他的作品里，写了忧国忧民、写了忠信刚直、写了舍生取义、写了疾恶如仇、写了交不为利、写了骨肉相亲、写了勤学上进、写了奋发图强、写了机智应变……他用一个个生动的故事、一个个生动的人物、一句句生动的口白唱词，描述的都是中华民族的优秀传统和美好情操，传递的都是正能量！同时在创作中，他还始终坚持自己的艺术操守，不讲自己不想讲的话，不做自己不想做的事，坚持表达自己想表达的想法，写自己想写的戏。为了自己的艺术理想，有不同意见时，快人快语，敢于直言，这就往往得罪了一些人，但即使对方是领导或者“权威”，他照样还是据理力争。在一些人眼中，这好像痴迷得有点“异类”。但正是这种“异类”，展现了他可贵的独特个性，显示了他可敬的独立人格。

他对戏曲的痴迷，在创作中是这样，在另一方面，即培养戏曲创作接班人方面也表现得淋漓尽致。培养年轻编剧，按理说是文化行政领导或者有关业务部门的工作。他一无领导职务，二也没有某一部门专门给他布置任务，但是上世纪八十年代，当他看到温州乃至全省编剧老化现象严重，后继乏人时，他心急如焚，义无反顾地挺身而出，别出心裁地用自己特有的，又卓有成效的方法带出了郑朝阳、施小琴、汤琴等优秀学生。他不但无私地传授她们编剧知识，而且还千方百计地四处奔走，大声呼吁，把她们的剧本推上舞台。我们大家都知道，一个剧本要推上舞台，特别是初出茅庐的年轻作者的作品要推上舞台，何其难也。这其中文贵先生花了多少精力多少心血可想而知。好像温州俗话说的，既要帮人结婚，又还要帮人生孩子，终于使她们渐渐地成熟，进而成为现在的中坚力量。温州作为南戏故里，戏剧创作、东瓯才人的香火至今不断，可以说文贵先生功莫大焉！除此之外，他虽然主要是个编剧，但其实还把温州整个戏剧事业和文艺事业放在心上，作为自己的事业来看待。上世纪八十年代初，他右派平反后，就经常到我们艺术研究所和我们一起为全市的创作演出出谋划策。我和他的一次艺术合作就发生在那段时间。到了九十年代后期，我市启动南戏新编剧目系列工程，他一听到这个设想，马上毫不犹豫地大声叫好，全力参加，还帮我们出了很多点子。他和他的学生创作的戏占了整个工程第一批剧目的一半，可以说立下了汗马功劳。后来我到市文联工作，他还是非常热心，经常对我提点，而这些提点，也总离不开戏剧。总之，他就是这样一个实实在在，一心扑在戏上，一刻也离不开戏的戏痴！

其次，我觉得他是一个戏精，精灵的精。他本来就富有天赋，聪明过人。有扎实的古典文学基础和文史功底。早年文工团的生涯又使他吹拉弹唱都接触过，又会导又会演，熟知舞台，又了解观众，可以说天生就是一个写戏的人！他才华横溢，拥有多种笔墨，既能写像《蝴蝶梦》这样的悲剧，又可以写《憨痴传奇》这样的喜剧，还可以写《仇大姑娘》这样的正剧；既可以像《杨贵妃后传》那样高贵典雅地走进宫廷，又可以像《金鸡报晓》那样地贴近百姓生活，描摹民间风情；既可以写尽世态炎凉，抨击一阔脸就变的《浮沉记》，又可以写出大义凛然，为民请命的《东瓯才人》；既可以改编几百年前的南戏名著《杀狗记》，又可以从火热的现实生活中提炼出美丽的《七彩梦》！在艺术形式上，他又是个多面手，既能写越剧，还能写瓯剧，也能写昆剧、徽剧。更为国家非遗平阳木偶戏的保护和发展做出了特殊的贡献，他不但为之奔走疾呼，而且为之创作了《时针飞转》等一批经久不衰的优秀剧作。我们大家都知道，编剧的生命在舞台。一个编剧，一辈子如果有一个戏能常演常新，在舞台上流传下去，那就很不容易了。而文贵先生的一些戏就能做到这样，用现在的话来说就是很接地气，为观众所喜闻乐见。我觉得他之所以能做到这样，有一个很重要的原因就是他非常尊重传统。传统是人民群众多年以来形成的欣赏习惯和审美需求。你首先要尊重它，观众才会尊重你，才会买你的账，才会来看你的戏。而文贵先生正是深知这其中三昧，才能有今天这样的成就。当然，尊重传统并不等于不注重创新，不注重与时俱进。文贵先生作为一个温州人，似乎也天生有一种“敢为人先，特别能创业能创新”的温州人精神。我们从他几十年创作的轨迹来看，他一直在不断地探索变化，有时是内容，有时是形式，总在努力追踪时代发展的脚步，力争每一个戏都有新招。一直到了创作晚期，也就是前几年，他还把笔触及戏曲电视剧领域，写出了像《杨乃武平冤记》这样的优秀作品。真是生命不息，创作创新不止！

总之，尤文贵先生作为温州戏剧界，乃至温州文艺界的代表人物之一，其成就和影响是有目共睹的。我觉得今天和今后不断研讨他的成就和经验，会对我们戏曲故里的戏曲事业发展非常有益。

新中国瑞安教育事业的先行者

——记瑞中『十老』之王从廉先生

◎余寿权

“瑞中十老”，是瑞安教育界对项维新、杨谟、王从廉、方镜仁、马允伦、张世楷、陈章远、冯志清、胡跃龙、朱昭东等十位老先生的尊称。他们在新中国建立后，“文化大革命”前的瑞安中学，分别担任过党支部书记、校长、副校长、教导主任和教研组组长等职务，是推动瑞中告别旧社会教育体制，初步建立社会主义教学秩序和制度的领导力量，是瑞安教育事业鼎力革新的先行者。

1983 年 2 月 18 日，为迎接恢复政治名誉后，从老家乐清农村返回瑞安的王从廉先生，十位历经“反右运动”“十年浩劫”的老同事聚在一起，尽情叙旧。并于当日在瑞安国营照相馆合影，留下一张黑白照片，题款“松菊犹存”。十年后，他们又合拍了一张合影，彩色的画面上只有九人，陈章远先生已过世。次年又少了一人，农历八月王从廉先生也在乐清老宅与世长辞，享年七十二岁。

一

距浙江乐清柳市东南约八里外，有一座青山，远看似头巨象静卧在风轻云淡的天际，向西北延伸的象鼻，柔软委婉。这山，在当地称作“象山”。

民国十二年农历十二月初七（1924 年 1 月 12 日），王从廉先生出生在象山南麓高园村的南浦河畔。此地，后有众山环绕，前有小河流淌，田野阡陌，风光秀美，民风淳朴。王家老宅雕刻的旧门联，至今依稀可辨：“左抱树桥钟瑞气；前临河水蕴清辉。”当年，高园村仅一百多户人家，他们都姓王，是南宋状元王十朋的后裔。据 1962 年《象山王氏四房宗谱 · 重修王氏族谱序》记载：“余象山之先世在杭之钱塘，至庆嗣公迁于乐东四都之横山，传至十世赐七公讳万三，乃佥判。梅峰公之子状元十朋公长房（闻喜公）之曾孙，即乐西象山之始祖也。”据该族谱记载，从廉先生的祖父王通法（兴发公）为庆嗣公二十世孙，父亲王达森（志敏公）为二十一

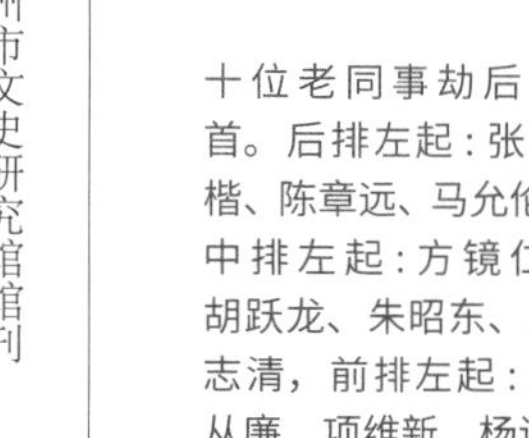
十位老同事劫后聚首。后排左起：张世楷、陈章远、马允伦，中排左起：方镜仁、胡跃龙、朱昭东、冯志清，前排左起：王从廉、项维新、杨谟

世孙。自王十朋开始排，从廉先生为其十五世长房嫡孙。先生在一份 1980 年 7 月手书的《自传初稿》中写道:“先世本业农，至祖父时，复在本村开一南货店，以价格公道，信誉渐著，生意兴隆，家遂日上。父亲兄弟三人，他排行第一，亦农亦商，平日喜交朋友，亲友中有以困乏告者，都能接济其缓急。”在外界通向村里的“高园桥”桥头，至今生长着的两棵大榕树，状若华盖，枝叶茂盛，正是先生开南货店的祖父早年种植的，以期为乡邻路人庇荫挡雨。

至八岁，从廉先生始入初级小学。他先在离家两里外的荷盛小学（现柳市镇第十四小学）上学，后又在高后等村校学习数年，十三岁进柳市高级小学住校读书。他天资聪颖，学习勤奋，成绩优异，深得师长赞许。他在《自传初稿》中写道:“在（班）级任（课）老师倪纫秋先生热心教导下，进步较快……现在，倪老师虽已作古，但她的辛勤教育，没齿难忘。”高园村虽是状元后裔聚居地，但历史上毕竟没有出过读书成名的达官显贵。祖上累世务农的祖父，见从廉年幼懂事，热衷学业，决定资助、培养他继续读书。

1939 年，十六岁的王从廉，不负长辈和老师所望，以公费考入浙江省立温州中学初中部。彼时，抗日战争爆发已有两年，温州城区、乐清等地经常遭到日本飞机的轰炸。为了躲避灾难，当局将学校迁到青田县水南村。那是与青田县城隔江相望的山村，村落不大，四周长着一排排竹林和各色各样的果树林。学校利用寺庙（栖霞寺）、祠堂、民房搭建了几座茅棚，夏能避暑，冬可御寒，作为教学和生活用房，校舍极其简陋，师生们的生活非常艰苦。但是，王从廉他们没有气馁、退缩，反而觉得，民族灾难十分深重的年代，能在这样美丽而清静的环境中学习，实在不可多得。他接受命运的挑战，自觉地克服物资供应匮乏、自然环境恶劣等种种困难，勤奋学习，乐观生活，并取得好成绩。《自传初稿》写道："因而这六年中，我学业上进步较快，成绩一直居于班级前头。同时，由于实际生活的锻炼，也逐步培养起憎恨日寇、热爱祖国、艰苦奋斗的思想和作风。"

正当他满怀爱国热情，在青田山区发奋苦读的时候，乐清家中却发生了变故。作为一家之主的祖父患了中风病，遍寻名医不见疗效。为此，按照农村里的习俗，父亲决定提早安排王从廉的婚事，让他十八岁时结婚，给祖父冲喜。从廉是长房长孙，依礼教礼俗，家族责任所在，无可逃避。这使得接受了新式教育，而又十分孝敬长辈的他，陷入进退维谷的境地。他自述道："那时候，我对父亲这个决定心情十分矛盾。一方面觉得自己年龄还青（轻），学业未成，不宜过早结婚；另方面又觉得这可为祖父冲喜，怎可持相反意见。思来想去，我无可奈何地顺从了父亲的安排，于那年冬天举行了婚礼。"不过，他与家里达成了一致，婚后让他去接着读书。果然，七日洞房过后，他返回青田，继续苦读。他毅然决然，将新婚妻子留在了父母身边，操劳家务，代他尽孝。新娘童雪英，大王从廉一岁，是翁垟前湖埭人，家境殷实。她在家时读过几年村小，粗识文字，通情达理，甘心留在家中协助公婆，让丈夫安心读书、工作。当时，王家是个大家庭，除了祖父母、父母，尚有年幼的两个小叔、三个小姑。

次年夏季，十九岁的王从廉初中毕业，又以优异成绩，公费考进了省立临时联合高级中学（简称联高）。这是抗战时期，杭州高中和嘉兴中学等名校联合组成的学校，师资力量相对雄厚，对考生的成绩要求也相对较高。当时的联高，避难在青田县更远的深山老林南田镇（古称九都，现属文成县）。那是浙南的高山地区，所谓“九都九条岭，条条透天顶”，是元末明初军事谋略家和政治家刘基的故里。地处偏僻台地，周围交通闭塞，物质条件极差。从廉先生在《自传初稿》中写道：“教师和同学多数来自杭嘉湖沦陷区，校长崔东伯先生是一位爱国教育家，在他的领导下，学校办得很有特色，爱国热情高涨，教师热心教学，同学勤奋学习，生活艰苦朴素。从二年级起学校文理分科，我选理科班学习，其实我理科基础并不突出，只是看看成绩好的同学都选理科班，我就不愿入文科班。这样，在二、三年级的学习中，我虽然苦心攻读，成绩还是超不出班中最好的水平。”为此，具有强烈进取心的他，越发勤奋刻苦。南田山高路远，自然环境恶劣，三年高中生活之艰辛可想而知。他和同学们同样深知，现在的苦读，正是为了民族的未来。

1941 年至 1942 年间，王从廉的祖父母相继逝世，家庭经济开始走向衰落。1945 年夏，日本侵略军从乐清向台州、宁波一线溃退，父亲被强征为民夫，到路桥，乘日寇疏于防备伺机逃回。但父亲一路上受尽种种折磨，身心深受日寇摧残，患上伤寒病，不治而亡。至此，王从廉先生的家庭，上有老母，下有未成年的弟妹，家境每况愈下，全靠太太童雪英支撑着。尽管如此，也没有动摇他立志求学，报效家国的意志与决心。

1945 年夏，王先生从省临时联合高中毕业。“同年秋，又以公费考入浙江大学文学院历史系。那时候，抗战已获胜利，和平终于实现，全国人民无不欢欣鼓舞。在这大喜大庆的日子里，我抱着十分喜悦的心情到了杭州，决心在美丽的西子湖畔学好历史专业。入学后，我如饥似渴地听取教授讲课，自学文史典籍。”他在《自传初稿》中写道。

二

王先生只身一人来到杭州，在浙大学习。在励志图强，克服困难，认真读书，潜心学问的同时，他积极接受中国共产党的革命道理，与进步师生一道跟国民党反动政府做斗争，迎接新时代的到来。

他自述道：

“一九四六年夏，国民党反动派公然撕毁了政治协商会议决议，重新挑起内战，破坏和平局面。浙江大学和全国各地大学生，激于爱国义愤，纷纷举行罢课，掀起反饥饿、反内战、反迫害的民主运动。一九四七年，浙大学生会主席于子三同学惨遭国民党杭州警备司令部杀害，其他五位同学又被捕入狱，白色恐怖笼罩着整个杭城。我们在忍无可忍的情况下，再次放下书本，走上街头，写标语，喊口号，搞宣传，揭露国民党反动派法西斯罪行，闹得他们惶惶不可终日。在这激烈的斗争中，我和一些进步同学为追求革命道理，开始秘密地学习列宁和斯大林著作，夜间又偷偷地收听解放区电台的广播。收音机中传来的革命道理和人民解放军胜利进军的消息，指引着我们前进的方向，鼓舞着我们斗争的勇气。一九四九年春，校中出现了毛泽东同志的《论联合政府》和《新民主主义论》等小册子，我们立即在校园中组织阅读和漫谈。四月下旬，南京解放。五月三日，解放军先头部队分路到达杭州钱塘门和庆春门，同学们奔走相告，纷纷涌上街头，迎接人民子弟兵的到来。”

杭州解放时，王从廉先生也从浙大毕业了，正式加入革命队伍。1949 年 8 月，中共浙江省委组织部，根据他想回家乡工作的意愿和实际需要，分配王从廉到温州专员公署教育科工作。参加工作后，他对党充满了热情，一如既往，坚持吃苦耐劳，勤奋学习，踏实干事的作风，深受好评。同年 11 月，他被组织任命为温州师范学校（校址平阳郑楼）教导主任。在新的工作岗位，他更加积极努力，要求进步，于 1950 年加入了中国新民主主义青年团。不久，他被任命为温师团总支书记。同年，参加平阳县土地改革工作，任郑楼土改工作队队长。

三

瑞安中学由末代大儒孙诒让（仲容）等创办于清光绪二十二年(1896)，前身是瑞安的学计馆和方言馆；1902 年两馆合并为瑞安普通学堂。其间校名几经更易，至 1942 年秋，学校增设高中班，定名为瑞安县立中学。抗战期间，瑞安四度沦陷，学校辗转山区乡村，1945 年下半年学校才全部迁回。尔后又是内战，时局动荡，学校经费困难，教师生活困苦，处于风雨飘摇之中。

1945 年 5 月，瑞安解放，瑞安县人民政府筹委会派员接管瑞安中学，任命管文南为校长。管文南先生作为解放后的瑞中首任校长，面对的是旧中国留下来的旧瑞中“烂摊子”，百废待兴。据《瑞安中学大事记》披露的相关评价，称管文南“在恢复教学秩序，完成解放初期的各项政治任务（方面），做了大量卓有成效的工作”。

1951 年 8 月，管调离，温州专署任命王从廉先生为副校长（校长空缺），主持校务工作，成为瑞中的实际负责人。次年 10 月代理校长杨谟到任。几年时间里，校长几易其人，王从廉先生始终以副校长兼教导处主任的身份，操持着学校的主要教学事务，呕心沥血，敬业尽职，在瑞安中学及瑞安教育史上留下了一道不可磨灭的痕迹。

他在《自传初稿》中简要记述了这段工作历程：“我是在没有经验的情况下，凭着一股革命热情，坚持学习马列主义和社会主义教育理论，遵循党的方针政策，团结全体教职员工，大胆而谨慎地从事教育实践，逐步改革旧的教育制度，建立新的规章办法，使瑞安中学成为社会主义学校。”

作为身兼教导处主任的副校长，王从廉先生在参与领导全校工作的同时，尽心履行教导合一职责，既管教学，又管学生思想政治教育。据一些学生和老师回忆，个子矮小的王校长，说着带有浓重乐清口音的普通话，整日里连走路都是匆匆忙忙，里外操劳。他不仅要制定全校的管理工作具体要求和各项规章制度、教导工作计划，并负责检查执行；还要组织领导学生，配合团委、学生会、少先队开展活动等等，事无巨细。这个时期，他根据新中国建设初期的实际情况，摒弃旧的传统教法，努力推进瑞中新的教学方法运用和新的教学秩序建立。根据《瑞安中学校志》记载，1952 年，“各科教学重视备课和挖掘课文内在思想性，不少教师改变了‘满堂灌’，逐渐采用启发式的教学方法”。1953 年，“全校教师学习苏联的教育理论和教学方法，贯彻爱国主义思想教育……。多数教师采用讲授法，……并注意系统性、巩固性、重要性等原则在教学中的运用”。

因工作成绩突出，1953 年，王从廉先生被选为瑞安县人民代表和瑞安县人民政府委员，并于 1956 年 6 月加入中国共产党。

在殚精竭虑，克服重重困难，促进瑞中教学革新的同时，作为科班出身的校领导，王先生十分重视学校图书馆的建设。据《瑞安中学史话》记载，1951 年冬至 1952 年春间，“瑞中教师董朴垞、林炜然、陈仲坚发现瑞安城关申明亭巷的一座楼房中存放着几万册古籍，他们即向副校长王从廉反映，王从廉实地调查后向瑞安县县长张洪勋报告，要求将这些古籍划归瑞中，以便发挥其作用。张县长同意了这个要求，但温州图书馆得知消息后，也坚持要求保管这批古籍。经过王从廉副校长据理力争，最后温州地委和瑞安县委决定，这批古籍除复本给温州图书馆外，其余三万册左右的古籍全部划归瑞中”。遗憾的是在“文化大革命”浩劫中图书馆三万册古籍也遭洗劫，仅剩下 14790 册。王从廉牵头着手整理古籍，开展清理粗分、分类入架、查漏补缺、登记造册等工作。温州市政协原副主席、温州民进原副主委、瑞中原历史教师，已故的马允伦先生，是王从廉的挚友。日前，马先生的儿子、《瑞安日报》原编办主任马邦城先生告诉笔者，已年近花甲的王先生不辞辛劳，受命整理古籍，为了能规范做好这件事，为后人学子积累珍贵资料，他经常到我们家里来，与同是历史教师的父亲探讨、解决整理工作中遇到的问题。

1985 年，瑞中图书大楼落成后，辟专室陈列古籍。现在的瑞中图书馆，被省人民政府列为省级古籍重点保护单位，这其中王从廉先生的历史贡献，不言而喻。

三

据温州大学档案馆有关瑞安师范学校历史资料记载：1956 年 3 月，瑞安县人民政府任命王从廉为瑞安师范学校副校长(校长空缺)，负责建校筹备工作。8 月，两幢教学楼和办公楼、图书馆兼实验室先后落成。此后几年，相继兴建了礼堂、音乐楼、学生宿舍和教工宿舍，学校建筑面积达到 5500 平方米。“当年秋，开始招收普师六个班、速师三个班，并建立了函授部，负责瓯江以南各县在职小学教师培训工作，后改县中心小学为瑞师附小，作为学生教育实习基地。尔后……除招收普师班外，还招收学制分别为一、二、三年的速师班、幼师班、艺师班。为适应当时教育形势的急需，开设了学制一年的师资短训班和学制二年的师专班。”

在短短的两年里，王先生不辱使命，废寝忘食，从无到有，筹建了瑞安师范学校（择址后垟，现为瑞安人民医院老院区），使瑞安的师范教育事业有了新的开始。此时，他的家庭已从乐清老家迁到瑞安，居住在城关西河桥清水巷。深陷校务的他，忙碌于工作，依然难以兼顾家庭，连晚上常常也留在学校的寝室里。少他二十岁的弟弟王从忠，那时正在瑞安县中心小学（属瑞师附小）读书，平时就跟他搭铺睡在瑞师寝室里。他告诉笔者，“那时哥哥特别忙，没日没夜，有时我都睡下了，还常常有老师找上门，嘀嘀咕咕地商量学校里的事。经常是到半夜了也不能睡。”他说，哥哥一生孝敬长辈，勤奋读书，爱惜名誉，谦恭谨慎，尽心干实事。

正是这样一位秉承温良恭俭让，追求进步真理的读书人，这样一位热爱新中国教育事业的教育工作者，在“反右运动扩大化”中，却遭人陷害，蒙受了不白之冤。王先生《自传初稿》提到：“一九五七年，开展整风和反右斗争，国内开始出现极左思潮，一些自称‘革命者’竟颠倒黑白，罗织罪名，对我加以陷害，当时我在无法进行申辩的情况下，受到校长撤职、工资降级等无理的处分。然而我自己十分清楚，我自参加革命以来，对于人民事业，扪心无愧。历史是人民写的，人之功罪，人民自有公论。”

关于这件事，据瑞安中学部分师生回忆：1957年“反右”期间，大字报铺天盖地，对老师、对学校提出各种意见，刚刚建成的瑞安师范也是浓云密布。身为校长的王从廉先生，显然难以置身事外。某日学校里贴的大字报，覆盖太厚，翘起的角头碰伤了某学生的脑袋。于是，有人报告了王校长。在没有到现场察看的情况下，王先生为了师生出入安全，让学生撕下了旧的大字报。

据王先生的小女儿王可范回忆，父亲生前曾与“十老”中几位老同事闲聊时说过“大字报”的事。当时是有班主任老师来向她父亲申诉，大字报盖住了教室的窗户，阳光进不来，影响学生学习。

她父亲便让他们把贴在窗户上的大字报揭下来，贴在窗户上下，使之不至于挡住教室里的光线。这种说法得到了今年已八十五岁高龄的方镜仁先生的旁证。近日，方先生在瑞安市瑞祥山庄的寓所，接受了笔者的采访。他回忆说，大字报贴到教室里影响了教学，王先生便让学生将其撕下，有人到县委工作组告发此事。

总之，是一位女学生，基于激进的政治目的，向上面举报，指控王校长反对贴大字报，“对抗反右运动，同情右派分子”。

四

瑞师相关史料记载：“一九五八年春，王从廉离职，高圻祥担任校长兼书记。”其弟王从忠也被瑞师附小赶了出去，离开了瑞师寝室，流向社会，小小年纪就参加了劳动，到山区洗矿砂。

撤职、降低工资，使王家陷入了前所未有的困顿。1958 年正赶上农村“大办食堂”破产，老母亲在老家饿得双脚浮肿，无奈之下也来到了瑞安；家里又新添了小儿子建生，一共是七口人。1961 年城镇口粮精简，除了他本人，其他家庭成员下放，口粮关系迁回原籍。这在计划经济年代，对王先生而言，身上的经济负担又重了许多。大女儿王丽丽小学没毕业就辍了学。1962 年瑞安师范学校奉命撤销，王先生以普通历史教师的身份，回到了瑞中。1966 年下半年，妻子童雪英带着四个年幼（小女儿王可范 1961 年出生）的子女和年迈的婆婆回到老家。一直学习成绩优异的大儿子王瑞生，也停止了小学学业，在高园参加生产队劳动，挣工分补贴家庭，从此没有再进校门。据县小班主任陈春霞老师的儿子马邦城说：“母亲生前有提及两个成绩优秀的学生，其中一个就是王从廉先生的儿子王瑞生。他后来不读书了，真的可惜。”二儿子王建生小学也没毕业，十几岁回到父亲身边，1974 年进了一家校办工厂做学徒工。这些无疑是雪上加霜，给毕生崇尚知识，献身教育事业的王先生以沉重的精神打击。他在《自传初稿》里写道：“我重新被调入瑞安中学任历史教师。那几年中，我精神上受到了极大的折磨，生活上碰到了不少困难，但是，为了革命和家庭生活，我一如既往地为培养年青一代而辛勤工作，最后以至于积劳成疾。”

那时的王先生穷困潦倒，身心俱损，疾病缠身。一些同情他遭遇的热心教师、学生，纷纷伸出援手，凑钱给他缓解燃眉之急。他一一记在本子上，日后慢慢归还。这段艰难困苦的岁月，持续了二十多年。1980 年，年仅五十七岁的他，为让儿子建生顶替就业，提前退休，回到乐清老家。1986 年经组织审核、调整，确认他享受离休干部待遇。“粉碎‘四人帮’后，中共瑞安县委对我的历史问题重新进行了复查，认为过去对我的处分是完全错误的，并于 1979 年 6 月公开宣布为我平反，恢复我的政治名誉。从此，二十一年的冤案，终于得到昭雪。由于年迈多病，我不再担任领导工作。1980 年 6 月，我被选为瑞安县第四届政协常委。”

2021 年 3 月于鹿城南塘

张宪文与蒋礼鸿诗词情缘

◎蒋遂

最近翻检家中的藏书，看到一本《张璁年谱》。这是张宪文先生于1999年7月是送给我母亲的，因为父亲在1995年5月逝世了。

1995年6月23日，杭州大学中文系在东一楼会议室举行蒋礼鸿教授追思会。参加者发言踊跃，追思蒋礼鸿一生在教育科研事业上孜孜不倦，无私奉献，甚至在逝世后，将遗体捐献给医学事业的崇高行为。由于发言者众多，一些人不及发言，而留下了书面文字。其中杭州大学教育学院张定璋的书面发言中有这样一段文字："论年龄，我也许是蒋先生在杭大的一名最年长的学生。1937年抗日战争爆发后，先生中断未竟学业，来到浙南温州师范任教，他教普师一，我读普师二，教室只一墙之隔。我班上一位有国学根底的同学对蒋先生五体投地崇拜，与我谈起先生的才学，赞叹不止。"这位同学即是张宪文。

张宪文（1920—2004），字公韬，1939年毕业于省立温州师范学校普师部。长期从事教育、文化工作。曾任职于民盟温州市委会，后调任温州市图书馆古籍部主任、副研究馆员。

1937年底，抗战烽火逼近浙江省会杭州，杭州私立之江大学急忙撤退到安徽省屯溪镇，而屯溪不久被溃兵占领，之江大学不得不宣布临时解散。蒋礼鸿此时是大四学生，老家已经是沦陷区，回家不得。于是涉水到温州投靠恩师夏承焘。1938年2月17日，经夏先生介绍，赴温州师范学校任教，从此张宪文有缘识得蒋礼鸿。张宪文敬仰蒋礼鸿的学问，并追随蒋礼鸿，直至蒋礼鸿逝世。

蒋礼鸿在温州师范执教仅仅三个月，而张宪文则终身以师视之，晚年出版《仰云楼文录》，"仰云"即仰慕蒋礼鸿。

在这三个月时间里，张宪文频频向蒋礼鸿请教。这段时间，张宪文着了魔似的，几乎每天都有习作请求蒋礼鸿是正，蒋礼鸿从不厌烦，对一些过得去的和有毛病的字句，总是曲加赞许或指出疵病所在，要求张宪文再加斟酌或直接为他修改。他又告诫张宪文诗词是余事，求学时要紧的还是多读书、多思考，切切实实打好一些基

张宪文

础，如果能将几部必读的一生受用不尽的书烂熟于心，那就更好了。张宪文在蒋礼鸿引导下，初窥读书门径，终身受用。

只是三个月以后，蒋礼鸿回到上海复校的之江大学继续最后的学业，两个人匆匆告别。张宪文依依不舍，蒋礼鸿允将以后行止随时相告，并将客居夏先生家手抄的《曝书亭词拾遗》一册赠张宪文以为纪念。

诗词，尤其是中国的古典诗词，乃是中国文化的精粹，令人无限向往。蒋礼鸿在抗战期间的重庆，有人劝他专攻诗词，夏先生也谓“考据词章，无碍兼治”，而蒋礼鸿终究将考据作为自己毕生的事业。他告诫张宪文：“词章之学，粗观甚易，而实则难，才与学缺一焉而欲求超超入玄，未亦可几矣。虽然，才不足而学信之，则亦可稍稍补其缺；有才而弗学，视以为不才而疾学之相去，盖有甚远者矣。礼鸿少日无知，妄学涂鸦，继知才之不足以有为也，则弃之去，思欲别启一途以有所表见。”

当晚，蒋礼鸿信手一阕小令赠予张宪文：

上廊林影故娉婷，客子明朝又远征。未免些些黯别情，且消停，认取郑楼月一分。

郑楼一别，虽鱼雁常通，直至 1948 年春，蒋礼鸿与张宪文才相聚在杭州钱塘江畔秦望山麓。蒋礼鸿陪张宪文登上六和塔顶，指点江山，追怀曩昔。其后，张宪文移居温州，相去千里，会少离多。“文革”期间，蒋礼鸿寄部分诗词手稿给张宪文，楮末附数语云：“余少年为韵语，垂老摧烧之。独录数篇，奉少作好事者，其谓如何？”

改革开放以后，知识分子的春天来到了，蒋礼鸿与张宪文才能堂而皇之谈诗论道。他们之间的诗词交往才又多起来。

1991 年 2 月 6 日，正月初二，张宪文致函蒋礼鸿夫妻，贺新年并附陈饯岁一诗。

庚午除夜

来羊走马葭灰动，守岁迎春又一年。

河汉玉绳低欲转，人间火树照无眠。
祭书何用仓生粟，数典还嫌郭有田。
一事萦怀驱未了，海湾烽燧正连天。

1991年4月13日，张宪文致蒋礼鸿，以小诗一首录呈。

晨孙归自雁荡，赠我龙头杖，答之以诗

晨孙雁荡归，遗我龙头杖。
云可添一足，行步庶无险。
我感孙意殷，受之发遐想。
龙乃水之灵，万物资化演。
雁山千百湫，一一龙所养。
洞或悬其鼻，龙鼻洞 潭亦罗其象。龙潭
孙今持以来，犯怒乌能免。
我虽居水心，水广才盈丈。
神物倘屈伸，乾坤谁与掌。
莫若送之归，云山任偃仰。
斯时风雨晦，疾雷震平野。
龙忽破空飞，挈我骑其尾。
小诗一首，录呈云从夫子诲正。

生宪文初稿

九一年四月十三日于水心大雷雨中

赐示已读，拟改衍字为扬字。恶诗非一字之改能善，辱教，愧愧。

1992年12月3日张宪文致蒋礼鸿函，称大著《读变枝谈》奉到并拜读一过，并呈奉应命为吾乡孤屿之红十三军及浙南游击纵队烈士纪念馆草一联，乞赐改定。

秋水卷银涛，拍岸江声，挟烈士忠魂，直上重霄歌伏虎；丰碑凌玉宇，接天山色，遍神州大地，升腾红日看飞龙。联凡五对，其中四对，以春夏秋冬起首，秋字不可易也。

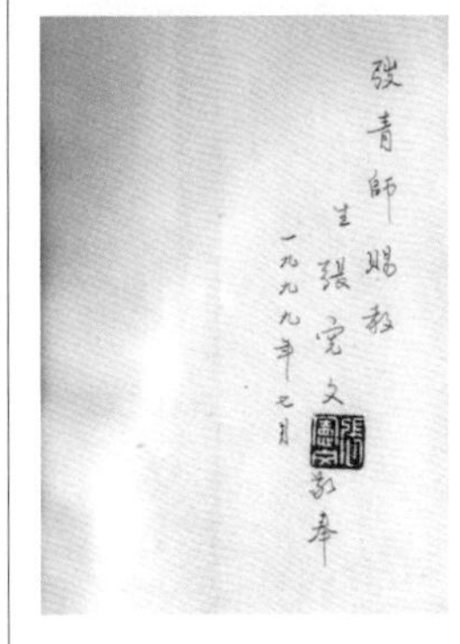

1993年10月28日，张宪文致蒋礼鸿函，称奉到《怀任斋诗词》集，即敬诵数过，并录奉《游楠溪江四首》请加斧正。

癸酉九月初八日游楠溪江四首

渡口撑排拍水流，滩林一路澹摇秋。此来初识楠江面，笑把山花插满头。

排，山区竹筏，联竹十二为之，昂首翘尾，以竹篙撑进，若泛鹜然，不见于平原水乡

洗心濯足意如何？仙子凌波水作窝。欲铸新词终未得，眼前唯觉跳珠多。

林烟结作溪头縠，水石清于山外天。我道此间无好景，只应醉杀李青莲。

扬篙泛绿好儿郎，齿颊长留麦饼香。到得狮岩还一笑，溪山明日又重阳。

自渡头至狮子岩，溪行二十余里，历时二小时半

1994年4月22日，张宪文致函蒋礼鸿，录近作一诗一词请诲正。

作者与张宪文之子张纯浙双手紧握

浣溪沙

歌管楼台夜不收，长街灯火接天流。满城春色可怜秋。　池草萦青扶短梦，钟声和月送行舟。风情谁与说温州。

甲戌三月初六，偕民建诸老游江心 进退格

行春小队出风尘，孤屿双峰画里寻。怀梓能无三宿恋？乘潮已是老来身。眼中物候催昏晓，槛外中川自古今。我欲题诗邀谢守，隔江车骑正骎骎。

1994 年 12 月 12 日，蒋礼鸿致函张宪文，录五律《自题怀任斋校书图》一首。

自题怀任斋校书图

唯阿去几何，而亦分宾主。
春秋业不显，何用辨帝虎。
缅怀乾嘉老，矻矻事校诂。
岂不讥烦碎，坚确乃砥柱。
游于羿彀中，不挂秋荼罟。
我亦何为者，敝鞋随跬步。
事与嘉遁殊，狂言凛一吐。

1995 年 3 月，蒋礼鸿重病之时，曾书诗一首与张宪文。

宪文闻余病来书

命长总要见阎王，命短些儿也不妨。
我友应须知此理，勿因我病便惊惶。

蒋礼鸿 1995 年 5 月 9 日因病逝世，张宪文不胜悲恸，于 5 月 18 日撰挽诗一首、挽联一副。

哭业师蒋公云从

传言讹实苦难分，毕竟哀歌动地闻。

五月钱塘当此日，满城风雨吊斯文。

煌煌楮墨随身化，寸寸心香和泪焚。

我是白头门弟子，不堪重问北山云。

六十年言教身传，拂拭感深恩，终负心期宗叔重；

一千里山程水驿，哀伤虚薄奠，徒萦魂梦到钱塘。

受业张宪文百拜敬挽

一年以后，张宪文梦中见蒋礼鸿衣冠冢，作诗云：

梦谒云从师冠冢

燕归旧垒飞无地，我对新坟泣数行。

多谢山灵能践约，肯扶残梦到钱塘。

至此，蒋礼鸿与张宪文的诗词情缘才悄悄落幕。

2001 年 8 月，浙江教育出版社出版《蒋礼鸿集》，我托犬子温州同学送一套与张宪文先生。张先生收到书后极为兴奋，并留饭。不久后，张先生令在杭州读书的孙女带丰厚礼品到我家致谢。

此前 2011 年 7 月 18 日，温州朋友陈文辉、方韶毅约我与内子游历温州。我正有此意，一来想去郑楼省立温州师范学校旧址寻访父亲曾经的足迹，二来最想见一见张宪文先生后人，以示感谢。不知怎的，被温州大学党委副书记林娟娟知晓，林书记热情邀请我与内子参观温州大学，并设宴招待我们。席间，林书记特别请来张先生公子张纯浙，并请陈增杰、袁泽仁、马贝加、卢礼阳、金小进、张索、方韶毅、陈文辉、周延诸师友作陪。

当我与纯浙紧紧相拥握手的时候，一股父辈间的真挚友情悠然从心田升起。

2021 年 10 月 10 日于浙大紫金港港湾家园寓所

宋代温州书院学塾与永嘉学术

◎ 洪振宁

本文记叙宋代温州民间兴办书院早于苏州、多于杭州的情况，薛季宣、陈傅良、叶适、陈埴、王与之等人将教学活动与学术研究相结合，他们既是有声望的教师，也是知名的学者。由此，作者认为，读书风气的形成、民间书院学塾的兴办及其自由讲学之风，是永嘉学派在温州创立并发展的社会基础与文化支持力之一，这种重视读书、尊崇教育的风气，从此在温州地区延续下来，成为区域文化中坚实的一部分。

一、宋代温州兴办书院学塾的背景

宋代，从960年宋太祖称帝之后，历经168年，称北宋；1127年宋高宗赵构继位以来，宋室南迁，历经152年，为南宋。钱穆先生在《宋明理学概述》的开篇指出:“唐末五代结束了中世，宋开创了近代。”原来的由贵族的、宗教的因素为主导的文化，变成以平民的、世俗的因素为主导的文化。宋太祖即位后重视文臣，抑制武事，以文治国，重视人才，提倡读书，任用大批文臣执政。两宋时期，举国上下尊崇教育，全力以赴兴办学校。宋代统治者欲与士大夫共治天下，倡导与引领科举考试。宋代科举明显出现平民化的倾向，至仁宗朝，十三榜进士中，竟有十二榜进士第一名出自平民布衣之家。科举程式的变化，愈加有利于寒俊布衣之士。录取名额也逐渐增多，极大地鼓励了读书人。

北宋，历经三次兴学，发展官学。温州地区历来重视兴学育才，依《浙江省教育志》的记载，[1] 在浙江省内，官方创建的县学，最早的是平阳县学宫，时间在西晋太康年间（280—289）;最早的郡学，

[1] 浙江省教育志编纂委员会:《浙江省教育志》，杭州:浙江大学出版社2004年版。

则是永嘉郡学，创建时间在东晋太宁年间（323—326），比会稽郡（绍兴）早了半个多世纪。北宋天禧三年（1019），温州郡学迁至九星宫故地（府学巷，曾为工人文化宫）。庆历四年（1044），诏令各路、州、军、监立学，学者二百人以上的，准许更置县学。当时温州四县，立学或增扩学舍，达到一定的规模。永嘉县学，北宋元祐三年（1088）建，在华盖山麓（今城区县学前）；乐清县学，唐时建在望莱桥东，北宋治平年间（1044—1067）增扩堂庑学舍，崇宁三年（1104）迁桥西；瑞安县学，北宋初建于县治东，崇宁元年（1102）迁至江滨，政和六年（1166）迁回故址（在今瑞安实验小学），增建经史阁；平阳县学，晋太康年间（280—289）建学宫，北宋元祐年间（1086—1094）迁至县治东南三里凤凰山下。

与此同时，书院、学塾在各地蓬勃发展。书院不同于官学，是民间办学，公认是私学。书院，出现于唐代，兴起于北宋，繁盛于南宋。有宋一代，官学与私学并存。私学崛起、书院学塾兴盛，是宋代温州文化教育的一大特点。弘治《温州府志》卷二描述当时的情景："吾瓯自宋以来，有书院，有义塾，学业炽盛。""延师训子遍匝四境，挟册呻吟无间富贫。"南宋，民间创办书院迅速发展，是中国教育史上书院制度最为盛行的时期。书院学塾的兴办，助推了民间社会的读书风气。传为宋真宗赵恒所作的《劝学诗》甚至这样写："富家不用买良田，书中自有千钟粟。安房不用架高梁，书中自有黄金屋。娶妻莫恨无良媒，书中有女颜如玉。出门莫愁无随人，书中车马多如簇。男儿欲遂平生志，六经勤向窗前读。"（《绘图解人颐》卷一）平阳陈经邦未考中进士之前，曾在南雁荡山建筑会文阁，读书于此，他说到自己读书的情形"孜孜矻矻，废食忘寝，殆若狂然"（陈经邦《会文阁记》）。

两宋时期，移民来温州的人口大量增加，新增加的居民也急需进入学校教育子弟参加科举，于是，比官学多得多的书院学塾形式的私学就发挥了教育职能。按《宋史》卷八八《地理志四 · 两浙》记载：北宋崇宁年间，温州户数为十一万九千六百四十，至淳熙年间，户增至十七万零三十五，口九十一万零六百五十七（万历《温州府志》卷五《食货》），户均5.36人。崇宁年间温州人口，因原记载的是承担赋役的男性丁口数，如将户也简单地换算为每户 5.36 人，人口数约六十四万。从北宋到南宋的这七八十年间，温州人口从六十四万增加到九十一万，差不多增加三分之一（宋代户口一般是主客户的合计数，按吴松弟的意见，还需将户口统计之外的那部分人约占 7% 加入）。各地移民陆续迁徙进入温州的，大批的，先是北方移民，宋高宗避难温州，温州一度成为北方移民较多的区域，后是福建移民，尤其是乾道二年（1166）海溢以后，移民补籍，吴松弟估算宋代移入温州的总数为二十二万人。陈丽霞在《历史视野下的温州人地关系研究（960—1840）》一书中，[1] 列表统计平阳县（含今苍南、龙港，当含今泰顺的一部分）历代分时段移入平阳的 212 个外来家族，其中有 202 个家族来自福建，占总数的百分之九十五。南宋政府为安顿移民，给以包括教育、科举方面的优惠政策。绍兴十一年（1141）与金人签订和议之后，南宋政府就开始对定居下来的北方移民实行入籍工作，入籍工作相继完成后，绍兴二十六年（1156）起，在移入地住满七年后，流寓人与当地士人一样参加本地的考试录取。[2]

随着宋代文化的不断发展，书院，逐渐成为学者探讨学术和传播新儒学的基地，成为切磋学艺和培养人才的重要场所。宋代文化复兴与新儒学崛起的原因之一，是随着科举制度与考试内容的变革，民间书院自由讲学之风的兴起。

二、温州民间创办的书院与学塾

北宋皇祐年间的温州，较早出现了三位先生：林石不求仕进，以《春秋》教授乡里，后其子榕孙，门人沈琪、韩汝翼皆相继设教；

[1] 陈丽霞：《历史视野下的温州人地关系研究（960—1840）》，杭州：浙江大学出版社 2011 年版，第 53 页。

[2] 可参阅《浙江通史》，浙江人民出版社 2005 年版，第五卷宋代卷，第 226 页。

丁昌期在郡城东郊，建醉经堂聚徒讲学，后有经行塾，其子宽夫、廉夫、志夫继续之；王开祖讲学于东山，从学者数百人，被认为是温州有书院之始。陈谦撰《儒志先生学业传》，尊他为温州学术开山祖。

后来，又有周行己、刘安节、刘安上、沈躬行、许景衡、戴述、赵霄、张辉、蒋元中等九人，先后赴京师（开封）或西京（洛阳），到太学就读，史称元丰永嘉九先生。周行己考中进士后，于崇宁三年（1104）在温州任教，大观三年（1109）则在城区建浮沚书院，讲学授徒，沈躬行、戴明仲也曾任教，张辉则在草堂塾任教。刘安上弟安礼则是塾师。从程门受业的还有鲍若雨、谢用休、潘旻及平阳陈经邦、陈经郛、陈经德等，据《浙江通史》宋代卷记载，在陈氏兄弟读书处，南宋孝宗朝时，创办有会文书院。清光绪年间，陈少文牵头，集资二十家，重建会文书院，"甲申春成"，光绪十年（1884）落成。宋恕撰《重建会文书院序》，又撰《重建会文书院记》。前者指出"吾邑宋时文学称盛，陈先生兄弟受业河洛之门，归筑书院雁山中，大昌厥学，和者纷起，而科名亦振，有一科至二十余进士之多者，何其盛也"。[1]

王十朋在四十五岁考中状元之前，至少有十多年在家乡开馆讲学授徒，《宋史》卷三八七王十朋传记载"及长，有文行，聚徒梅溪，受业者以百数"。《梅溪王忠文公年谱》："绍兴十四年甲子，公三十三岁，学成行尊，授徒梅溪，远近从游者，率知名士。"还先后就馆于嵊县渊源堂义塾和周汝士家塾。绍兴十八年（1148），周汝士"延十朋居家塾，宾师其弟子"，"后周氏登科相望，大都出十朋之门"（康熙《嵊县志》卷九）。王十朋曾为周汝士祖父周瑜撰写行状，文见《梅溪前集》卷二〇。

宋代温州的学塾更多。学塾是私学，聘请塾师设教于家中的居多，义塾往往是地方上出钱聘请教师，教育本族及乡里子弟。考中

[1] 胡珠生编：《宋恕集》，北京：中华书局1993年版，第171页。

进士的，原先大多就读于学塾。担任塾师的，大多是未入仕或无意进取仕途的读书人，陈鹏飞、陈傅良、叶适、陈埴等后来成为知名学者的原也是塾师。

郑伯熊在郡城设立城西学塾，他的弟弟郑伯海继续办学，立义塾，延师教授生徒五百余人，郑伯英借口母老，不愿当官，晚年在家讲学近二十年，至明弘治年间，人们还称呼此地为“学堂前”。宋隆兴二年（1164），薛季宣居家，教授生徒，潜心著述，四五年时间。毛崈在温州城南茶院寺东设立南湖学塾，聘陈傅良主讲，叶适也是其中的学生，薛季宣曾来与陈傅良研讨学术，后来蔡幼学、叶适、陈埴继续在这里讲学施教。王自中年十八岁，即被聘为塾师。钱文子致仕后在乐清教授于白石书院，瑞安曹豳少年时即师从钱文子。

乐清汤建，少为陈傅良所知，天文地理，考核精详，洞达本末。弃举子业，笃意竞省，深造理窟。以其学授徒，名儒达宦多受业焉。尊其为“艺堂先生”。著有《诗衍义》《论语解》《道德经解》。陈傅良命名其学塾为艺堂书院。咸淳五年（1269），县令郑滁孙改建，内有朱熹祠，名曰宗晦书院，请胡子实主讲，胡“力学不殆，于《四书》所得尤深”，“讲说详明，深契宗旨，多士翕然归之”（弘治《温州府志》卷一〇《胡子实传》）。乐清翁敏之字功甫，叶适妻高氏从子，叶适勉令就学，师从陈埴、朱平叔，乾道二年海溢后，在乡校旁边，辟学舍，请陈埴主讲，匾额为“图南书院”，聚族里而教之，不数年，获荐者十余人。史志记载，宋淳祐年间有中村书院、侯林书院，均在今泰顺境内，《续文献通考》记为吴子良建。宋代平阳的书院，《浙江通史》宋代卷记载有“平阳书院”，以《浙江省教育志》的记载，还有鹅峰书院、毓秀书院、聚英书院、聚奎书院、朝阳书院。朝阳书院，为缪程、缪元德读书处，黄震撰有《缪存斋朝阳书院记》。

瑞安曹绛字思厚，号石室居士，瑞安人，曹叔远从兄，著《家训四戒》，以示子孙，筑乡校于凤冈，岁延名儒为师，以教乡族，成就者甚众，子为长兴丞，孙登淳祐进士第。遇岁歉，率族众定谷价以安乡里，时称长者。年八十七卒。事见《岐海琐谈》卷四，弘治《温州府志》卷一二有传。吴表臣曾孙吴湙在城郊吹台乡设立吹台塾，开学后，受到郡守杨简礼遇，改名慈湖塾。吴湶，字子量，淳祐元年（1241）登第前为教师，“六经诸子淹贯融液”，“嘉定间（1208—1224），乡塾鼎峙，陈埴以性理之学著，朱平叔以传记之学显，湶兼有之，故从游之士独盛，若潘凯、方来，皆出其门”（弘治《温州府志》卷一〇《吴湶传》）。戴溪与王柟讲学在岷冈，“尽通诸经，声名日起，江浙之士从游者数百人”，戴溪考中进士后曾任石鼓书院山长。

弘治《温州府志》记载宋代温州学塾，有雅俗塾、儒志塾、东山塾、经行塾、城西塾、草堂塾、南湖塾、菰田塾、茗屿书塾、塘岙塾、万桥塾、鹿岩塾等二十二所。德新塾，在郡城，朱合甫立，合甫号歔歊子，隐于江北合山，每以《周易》《老子》《庄子》书自随。有《合山游》数千言。周去非有诗《怀歔歊》。合甫延乡儒蒋惠设教，至嘉定年间，裔孙朱平叔继续办学，朱平叔以传记之学而著名。小南塾，在五马坊，由名师陈鹏飞设立，以经术教学生，常数百人。孝廉塾，仰忻倡导，仰忻著有《训童规鉴》十二卷。其子三人皆中进士，兄弟五人教授乡里，弟子常百余人。茗屿学塾，陈顺辰立，戴守雨设教于此。位于瑞安仙岩的梅潭塾，原由陈傅良、木砺共同设教，四方景从。木砺子木天骏得其余绪，登嘉熙进士第。龙坞塾，宋刘掞立，请同族刘良贵设教，后来同等淳祐进士第，乡之进士多出其门。南山塾，郑士华好学尚义，建学堂，请塾师，训子孙。白石塾，钱尧卿至钱文子，世代为乡先生，县令常来咨访，乃立学于白石，叶适年轻时也曾在此任教，四方从游者众多。

温州民间兴办书院、学塾的数量较多，学生可以自由择师，来去自由，自由拜师求学的风气逐渐形成，书院、学塾讲学也颇为开放，讲学的教师不限于本院、本地，书院、学塾实行自由讨论学术的教学方式，办学风格较为开放，气氛活跃。温州的教师大多传承二程“学以致用”的学风，考察宋代永嘉之学的诸位学者，书院、学塾是学人日常生活交流的空间，他们几乎都是教学活动与学术研究相结合，潘翼“贯穿诸子百家之书，凡礼乐制度与夫传注笺疏杂说靡不淹通”。撰《星图》，著《九域赋》，补注《玉篇》《广韵》，工古文，“邑之闻人登科者，多出于其门”，王十朋少年时曾师从之。最典型的是乐清塾师王与之，今传世有他的著作《东岩周礼订义》八十卷，当时的郡守称他"皓首著书，真经明行修之士"。胡一桂"家塾教授，首宗《四书》"，德祐元年（1275）上丞相书几万言，撰成《补正古周礼》一百卷，林千之作序。周行己、郑伯熊、郑伯英、陈鹏飞、戴溪、陈傅良、钱文子、叶适、陈埴，都既是有声望的教师，也是知名的学者。他们能将多种学派思想观点兼收并蓄，为务实创新的学风推波助澜，这样，有的书院、学塾也就有高于一般官学的教学水平。民间办学塾，首先是有利于本家子弟的科举考试，可以带动家族子弟的读书积极性。如乐清有"石船三刘"，平阳胡芳"积书数万卷，课子自娱"，等。同时，遍布于乡村闾巷的塾师，也以讲学授徒为谋生之计。大量的未能通过科举考试到外地当官的读书人留在了温州民间社会，而通过私学找到了生活出路。这也是私学得以持续发展的重要原因之一。

三、讲学中作为教师的陈傅良与叶适

陈傅良之父陈彬与叶适之父叶光祖，都是乡村教师。陈、叶都很早开始教师生涯，以此来支持自己的学业，他们在考中进士之前，在地方上任教都已有声望。同时，他们也对书院、学塾的自由讲学之风起到推波助澜的作用。

传说陈傅良二十岁左右就在瑞安县城林元章家中授徒。二十七岁起，在温州城南讲学，据传有《城南集》，为研习科举的程式文。至乾道五年（1169），陈傅良还受邀到新昌，设馆讲学于黄度家，培养了不少绍兴籍人才，如新昌吕、石两族子弟，多从学之，其中吕大亨和从弟吕冲之等，后来均有一定名声。[1] 楼钥来温州任州学教授，与陈傅良"为布衣交，义兼师友"。乾道八年（1172），陈傅良考中进士，并未赴任，仍居家教书，达四五年时间。他被任命

[1] 李永鑫主编:《绍兴通史》，杭州：浙江人民出版社2012年版，第452页。

为湖南桂阳知军后，在家候缺，又在仙岩办书院讲学，“授徒仙岩，四方景从”，还把书院迁到自己住宅旁边。绍熙元年（1190），他在长沙任转运判官，公余在岳麓书院讲学，朱熹说陈傅良“君举胸中有一部《周礼》”，“陈君举到湘中一收，收尽南轩（张栻）门人”。[1]庆元党禁后的第二年，陈傅良又在家乡创办书院，培养了不少经世之才。

叶适十六岁开始教师生涯，在乐清白石学塾任教四年，二十七岁又任教于雁荡山，黄岩丁希亮、戴许、蔡仍、王汶等来受学。叶适又曾任教于东阳的石洞书院。二十九岁考中进士，其中在苏州当官三年，带学生三年，来从学者有十多人。他晚年定居在温州城郊水心村，六十一岁起讲学授徒，时人记其受欢迎的程度，“叶水心在永嘉，户外之履常满”，“名重当世，四方学者仰之如山斗，咸称水心先生”（刘宰《漫塘集》卷一九）。他还完成了代表作《习学记言序目》五十卷，直至七十四岁逝世。乾道元年（1165），吕祖谦在婺州创设丽泽书堂（嘉定元年即1208年，修建为丽泽书院），讲学会友，常邀薛季宣、陈傅良、叶适讲学与研讨经世之学。

青年陈傅良讲学时所撰的《待遇集》，是考试用书，考生争相传阅。《宋史》卷四三四说陈傅良“为文章，自成一家，人争传诵，从者云合”。他还创立了乾淳“太学体”，又称作“永嘉文体”。知名学者祝尚书《论乾淳“太学体”》一文，[2]记叙陈傅良事迹，说：“自隆兴历乾道、淳熙的二十余年内，生活大都与讲学、场屋及太学相关，其文章影响了整整一代人，尤以‘太学诸生’为著。”“当时士子‘人争诵之’，并引发‘追星’式的轰动效应。”由此而被誉为“止斋之论，论之祖也”（《论学绳尺》卷六），有《蛟峰批点止斋论祖》传世，四库馆臣认为“盖即为应举之作”。陈傅良还撰有《历代兵制》，

[1] 黎靖德编、王星贤点校：《朱子语类》，北京：中华书局1986年版，卷一二三，第2961页。

[2] 祝尚书著：《宋代科举与文学考论》，郑州：大象出版社2006年版。

既是学术著作，也是武科考进士必备之书。更有流传至今的、作者题名陈傅良的《永嘉先生八面锋》，书商经营，所收策论文，力图让学生沉浸在一种思考模式之中，鼓励学生参与政策讨论。祝尚书教授分析《止斋论祖》与《论学绳尺》所选的陈傅良各篇论之文，认为其艺术成就，一是立论新警，自成一家；二是辨析精微，深得论体；三是造语圆活，行文简洁；四是文采斐然，读之有味。但难免“科场习气”。叶适也有被广泛应用于举业的《进卷》，并流传至今，这似乎是应试人必备的入门之书。私人书商把他们的策论结集出版，广泛流传的论文与书院学塾的自由讲学之风一起，促成了后来独树一帜的永嘉学派。

正因为宋代温州人在兴学育才方面的突出业绩，比利时汉学家魏希德著《义旨之争：南宋科举规范之折冲》，全书七章，有三、四两章专门论述永嘉教师与永嘉课程，也就不奇怪了。[1]

四、温州书院早于苏州，多于杭州

宋代温州创办书院，比苏州早了一百多年，考中进士的比苏州、杭州、绍兴、宁波，都多得多。“苏州最早的书院是南宋端平年间(1234—1236) 所创和靖书院。”“宋理宗端平元年，由提举曹豳创建和靖书院于虎丘山云岩寺西，为苏州最早的书院。”[2] 曹豳，瑞安人，时在苏州任提举。温州的书院，如以王开祖皇祐年间（1049—1054）讲学东山算起，约早一百八十年，如从大观三年（1109）周行己在温州郡城建浮沚书院算起，比苏州书院早一百二十多年。

《苏州史纲》记载，两宋时期，苏州考中进士 707 人，其中状元四人（黄由，长洲人；卫泾，昆山人；魏汝贤，吴江人；阮登

[1] [比利时] 魏希德著：《义旨之争：南宋科举规范之折冲》，杭州：浙江大学出版社 2015 年版。

[2] 王国平著：《苏州史纲》，苏州：古吴轩出版社 2009 年版，第 155 页、第 728 页；宋林飞主编：《江苏通史》，宋元卷，南京：凤凰出版社 2012 年版，第 360 页。

炳，长洲人），另有武状元三人。有宋一代，绍兴所属八县，除萧山、余姚外，先后登进士第者合计 618 人（《浙江省教育志》记为六百一十三人），武科进士 12 人（《浙江省教育志》记为八人）。两宋时期，杭州考中进士 683 人，武科进士 112 人；明州（宁波）考中进士计 98 人，武科进士 10 人。

而温州考中进士 1187 人，其中状元五人（王十朋、木待问、赵建大、周坦、徐俨夫），另有武科进士 292 人，其中武状元 13 人。考中进士人数仍以《浙江省教育志》为依据，该志书是从雍正《浙江通志》辑出，其中缺载绍定五年与端平二年的温州籍进士，原因是明代温州府志缺载，仅有武科进士。此二科，乾隆《温州府志》据县志补入，明确的计 19 人，另有多名待考。《宋代登科总录》仅据永乐《乐清县志》补入 2 人。2021 年 1 月出版的《温州通史》宋元卷，也将这两科进士排除而不计，且未能提及 2014 年出版的《宋代登科总录》，也未能分析武科进士。楼钥说到乾道八年（1172）陈傅良登进士第，温州共有 17 人考中，“皆乡郡人，非公之友，则其徒也，尤为一时盛事”。实际上，南宋后期考中进士的人数更多。当时给温州的进士名额少，录取的人数少，韩国历史学博士裴淑姬《论宋代科举解额的实施与地区分配》指出：宋代发解试解额分配存在着极大的不平衡性，发解比例最小的是温州，八千名终场者中只有十七名解额，录取的比例是 470 ∶ 1。这样，大量未能考中进士的读书人，则留在了温州民间，相当部分人成为教师，反倒提高了温州社会的知识化水平。就此也可见证温州书院、学塾的教育水平也是比较高的。[1]

宋代温州创办的书院，比杭州多出近四倍。据《浙江省教育志》记载，宋代，杭州书院共有 5 个，嘉兴 3 个，湖州 8 个，绍兴 16 个，而温州则有 19 个，著名的如东山书院、浮沚书院、会文书院、永嘉书院、仙岩书院、宗晦书院、白石书院等。温州书院的规模也不

[1] 裴淑姬：《论宋代科举解额的实施与地区分配》，《浙江学刊》2000 年第 3 期。

小。[1] 弘治《温州府志》记载永嘉书院，在郡城西南渊源坊，王致远、陈南一在淳祐十二年（1252）建立，每月请乡先生主讲，请求以官田养士子，并立祠塑像，东边屋祀伊洛诸先生，西边间祀周行己、刘安节、刘安上、许景衡、鲍若雨，后来又增叶味道、陈埴等。

在外任职的温州人还积极在外地创办书院。除曹豳在苏州创办和靖书院外，淳熙六年（1179），蔡节在湖州扩建安定书院，礼聘朱熹弟子蔡沈讲学。乐清人刘黻，咸淳七年（1271）任沿海制置使，在绍兴创建了高节书院，地址在余姚客星山，有院田八百亩，规制颇为完备，可容生徒二百余人学习；[2] 又上奏建慈湖书院，在慈溪县城东北，以祭祀杨简。杨简是慈溪人，称慈湖先生，嘉定四年（1211）曾任温州郡守。另，考中进士后的温州人，在外担任州学教授的，相当不少。

另有一种现象值得注意，宋代温州的武进士考中人数为 292 人（《宋代登科总录》第十三册补 17 人），比浙江省其他州郡的总和 206 人，还要多出 86 人。并不是武科考试比较容易，首先，武科取士人数大大少于文科，也是三年一试，通常全国录取在二十至四十人之间。另外，武科考试，必须先通过策问关，再以武艺定高下，要求武进士文武双全。温州的武进士中还有林拱辰、应节严等，由武科转文科的。宋哲宗朝以后，解试、省试、殿试均考策问，策问内容，或为对兵书理论的理解与运用。或稽古之兵法、为将之道及历史上的兵制，或就当时边防时务的治理陈述兵机之策。温州考中武举进士如此之多，不得不首先归因于温州各地较多的书院、学塾与较高的教育水平。

五、书院学塾的自由讲学之风带来了什么？

综上所述，两宋温州地方兴办书院学塾，民间读书风气之盛，

[1]《浙江省教育志》，第 150—152 页。

[2]《绍兴通史》第三卷，第 445 页。

当为事实。弘治《温州府志》卷一《风俗》转引陈谦的话，所谓“自昔文风为两浙最”，然后说“皆实录也”。弘治《府志》又引楼钥的话“中兴以来，言性理之学者宗永嘉”，“温居瀛壖，儒学之渊”。元、明、清，温州民间办学势头未减，以乡村所倡兴的社学为例，五十家为一社，每社设立学校一所，称社学，据雍正《浙江通志》记载，浙江全省有社学 410 所，其中温州府五县社学有 175 所，占全省的 43%。晚清温州教育继续发展。1896 年，黄绍箕、孙诒让等人发起创办瑞安学计馆，项崧等则创办了方言馆，为浙江省最早的外国语学校。1902 年，学计馆与方言馆合并为瑞安普通学堂，也即后来坚持至今的瑞安中学。1899 年，孙诒让与杨镜澄、吴箴、金晦等人集资千金，在温州城创办了瑞平化学学堂，是我国创办最早的化学专门学堂。1904 年，刘绍宽到日本考察学务，瑞安籍留日学生许燊在座谈会上提议温州处州两府当会办学务。1905 年，温州、处州两府合设温处学务分处。温处两府自 1896 年至 1905 年办学共 85 所，而 1906 年至 1908 年三年中办学达 224 所，处于浙江省前列。晚清温州创办新式学校，民间办学的积极性高于省内别的地区，平阳县至 1908 年上半年有学堂 50 所，其中官立学堂仅一所。瑞安陈钧因捐资 1178 元资助南岸镇立第一两等小学，获得金质三等褒章。据 1911 年《浙江教育官报》第六十四期记载，以 1910 年浙江各县设立简易识字学塾情况看，当时要求大县办十所，中县办八所，小县办六所，全省各县应设立 620 所，实际设立数达 1057 所，多设 70%，其中温州所属永嘉、瑞安、乐清、平阳、泰顺最为先进，应设 44 所，实际设立 126 所，多出 186%。[1] 温州地区兴办新式学校，走在了整个浙江省的前列。

宋代温州书院、学塾的兴办及其自由讲学之风，是永嘉学派在温州创立并发展的社会基础与文化支持力之一。宋代永嘉学术的繁荣，前提是兴学育才，是书院学塾的创办与书院学塾自由讲学之风

[1] 张彬主编:《浙江教育史》,杭州:浙江教育出版社 2006 年 12 月版,第 374—375 页。

的兴起，又建立在温州众多读书人包括大量的未仕之士作为社会铺垫与文化支撑之上。永嘉学术的发展，又促进了民间办学，促进了私学的进一步发展。当时的温州，人才辈出。《宋史》为温州人立传三十八人，因《宋史》详于北宋而略于南宋，于是有陆心源编纂的《宋史翼》，《宋史翼》再为温州人立传（包括附传）36 人。未考中进士的读书人，坚持进行学术研究，至今仍有著作流传的，如张淳撰《仪礼识误》三卷，黄仲炎撰《春秋通说》十三卷，王与之撰《东岩周礼订义》八十卷，徐霆为《黑鞑事略》作疏证，薛据辑《孔子集语》二卷，朱黼撰《三国六朝纪年宗辨》二十八卷，朱元昇撰《三易备遗》十卷（由其子补辑完书）。

钱穆在《中国文化史导论》中认为："书院教育的超政治而独立的自由讲学之风格，是始终保持的。"[1] 在书院讲学上，诸位学者力求弘扬先秦哲人的原创精神，发掘"元典"的义理，在经学研究方面，敢于遍疑群经，直接从经文中寻求义理，通过对元典的重新阐释，抒发自己对社会、对人生、对学术的见解，回答现实的各种问题，并将这种自由精神体现于、贯彻于社会、人生各个方面。

由讲学自由，而扩及议论自由、学术自由，并贯彻到社会文化的各个层面，平民精神来自民间，并由范仲淹、欧阳修、陈傅良、叶适等人带到朝廷。于是就有了陈植锷在《北宋文化史述论》所指出的宋学精神的六个方面：议论精神、怀疑精神、创造精神和开拓精神、实用精神、内求精神，就有了缪钺所说的"宋代文化的特点是自由的思想与怀疑创新的开拓精神"。[2]

考察温州文化发展史，可以看到：宋代这种重视读书、尊崇教育的风气，自此在温州地区延续了下来，历经元、明、清，温州民间社会对读书的重视，乡村兴办学校的热情与业绩，并没有减少与

[1] 钱穆：《中国文化史导论》，北京：商务印书馆 1994 年修订版，第 189 页。

[2] 缪钺：《宋代文化浅议》，《缪钺全集》第一卷，石家庄：河北教育出版社 2004 年版，第 525—535 页。

退步。宋代书院学塾的持续不断，带来自由的思想与自由的讲学之风，书院学塾教学活动与学术研讨相结合渐成风气。还有留在温州民间社会中的布衣，这些未仕之士上书朝廷、著书立说，积极进行各种公益活动，讲学自由、议论自由、学术自由，逐渐演变成为这个区域的精神文化之一。

以此，我在《温州文化史图说》书中认为温州文化品格是在宋代得以初步生成的。宋代的永嘉学派后来渐被边缘化了，到了清代融入经世思潮，但民间办学、自由讲学的传统，布衣精神、务实创新的学风，著书立说、学术自由的精神，与南戏等民俗文化、结社合群的运作方式，与永嘉学派那种强调探讨制度变革以求改善民生的精神一起，却在温州地区延续了下来，成为温州文化血脉的一部分，有利于近代温州在开埠时与现代性的对接与生长。

2021 年 10 月 15 日三稿

秦桧知温州时间考

——《宋史·秦桧传》纠误

◎潘猛补

秦桧在温州任知州的时间，据《宋史》卷四七三《列传》三三二《奸臣》三《秦桧传》记载，是绍兴五年（1135）“六月，除观文殿学士、知温州。六年七月，改知绍兴府”。《建炎以来系年要录》卷一百一记载时间为“绍兴六年五月戊辰朔……乙酉，资政殿大学士、提举临安府洞霄宫秦桧充观文殿学士，知温州；龙图阁学士知温州章谊，知平江府”。可见秦桧知温州任命时间为绍兴六年（1136）五月十八日（乙酉），是接任原温州知州章谊的位子。同样记载南宋高宗、孝宗历史的编年史《皇宋中兴两朝圣政》，卷十九《高宗皇帝》十九“绍兴六年”条下明确记载：“进职知温州乙酉，提举临安府洞霄宫秦桧充观文殿学士，知温州。”其所载史实和《宋史》全文亦相合。三种史料都表明秦桧知温州时间是绍兴六年。

既然秦桧除知温州时间，是在章谊移知平江之后，那么我们只要考出章谊在温州任职时间，亦可推证秦桧的任职时间。要考出章谊到职时间，先要考出章谊前任范宗尹的离任时间。据《建炎以来系年要录》卷九一载：绍兴五年七月己亥，“观文殿学士、知温州范宗尹提举临安府洞霄宫”。而《宋史·章谊传》：“迁户部尚书。……五年，以疾请郡。除龙图阁学士，知温州。适岁大旱，米斗千钱。谊用刘晏招商之法，置场增直以籴，米商辐凑，其价自平。部使者以状闻，诏迁官一等。六年，移守平江。”据此，章谊任温州知州当在绍兴五年七月。然《宋会要辑稿·职官六一》载有：“（绍兴四年）九月二日，知温州章谊言：‘…契勘温州负海穷僻，加以岁事不稔，正赖邑长抚字，乞许臣用前指挥，于所部官内量度才能，两易其位，不理遗阙。’从之。”此“四年”当“五年”之误。范宗尹绍兴五年七月二十八日才离职，章谊此时上任，秦桧不可能在五年六月知温州至六年七月离任，一州不可能同时有两知州。

再者，我们还可以从绍兴五年二月到绍兴六年十一月一直任温州军事判官的郑刚中《北山集》中得到佐证。郑刚中（1088—1154），字亨仲，号北山，婺州金华人。绍兴二年（1132）进士。

据其《北山集》卷十五《余彦诚墓志铭》载："乙卯二月，某将之官永嘉。"乙卯为绍兴五年，故知其二月为温州军事判官。又考《北山集》卷十七《与新守章尚书》称章为"判府龙学尚书"。这新守就是曾任户部尚书的龙图阁学士章谊。郑与章一起共事，关系甚密，《北山集》卷十七《祭章且［宜］叟尚书文》有"某顷奉事公于永嘉，惠顾最厚"语。而章谊离温时间，可从《北山集》卷二十《与章尚书》中得之。其云："去年旱潮相仍，计不知所出。海上之米一来，而比屋皆饱。判佐小吏因得窃福无惭色。其所以德永嘉者，固不俟诵说之区区也。""去年旱潮"，是指绍兴五年五月间大旱欠收，到秋冬米价腾飞，章谊出计平之事。这在郑刚中给前任知州范宗尹的信中也得到证明，同卷《与范丞相》云："相公调一天下，初不以彼此为心，而永嘉士民恋德依仁，追恨当时卧攀辕辙之不力也。永嘉民无储粟，虽朝廷得明州米五千斛，并客贩继来，但贫者无一金可籴，今饥矣。其他皆不异畴昔。"

至于具体准确到月份，可从郑刚中《北山集》卷二十《答薛德老郎中》："章书移镇吴门，秦相开府，邦人恋且喜，但州郡单薄，迎送之费，亦所不堪。""度夏中暑卧病数日，今日尚疲茶，拜问草草，甚愧"等语中找到答案。这是回复在临安任郎中的温州人薛徽言的信，信中的章书，即章尚书章谊，改知吴门平江，所恋者也；秦相即秦桧，开府知温州，所喜者也。时间在夏中数日后，即六、七月左右。这里的"开府"就是指知温州，卷十二《送符正民罢倅永嘉》有"永嘉雄望城海滨，吏久不良民弊积。年来开府皆钜公，旁助铲除知有力"。当时在温州任知州的丞相范宗尹、尚书章谊、丞相秦桧，哪个不是钜公。《与章尚书》："秦丞相开府七日而有绍兴之命，李端明迓吏已遣，符倅受代解去。"明确指出秦桧正式上任只有七天，就到绍兴当知府了。温州知州这时空缺，由符行中（正民）通判代理，《北山集》卷十二有《陪权郡符正民九日游西山》："符公寄郡理，犀刃不可触。白书庭无讼，一切就整萧。秋风九月凉，闲暇顾僚属"可证。李端明即指后任温州知州李光，《宋史 · 李光传》："除端明殿学士，守台州。俄改温州。"《北山集》卷一三《忠义堂记》云："绍兴丙辰，端明殿学士、礼部尚书会稽李公来镇是邦。"

秦桧在温州的时间，据《三朝北盟会编》卷一六二记载：绍兴四年十月，王绘出使金军大营，金人问“秦中丞桧在何处？”绘等答曰:“今带职名、宫观，在温州居住。”可见至少此前已在温州闲居。不过他任温州知州不到一月，实际工作只有七天。《宋史》之所以误为五年，正由于秦桧正式任职温州知州时间极短，五月发文任命，六月即正式开府，七月即改知绍兴府。又据《嘉泰会稽志》记载:“秦桧，绍兴六年七月二十八日，以观文殿学士、左通奉大夫知。二十九日召赴阙。”秦桧在绍兴知府任上也仅为两天，“寻除醴泉观使兼侍读，充行宫留守。”三个月不到换了三个职务，使编《宋史》者疑惑，故擅将秦桧知温州时间提前一年，甚误，当改正。

温州府两学堂史实考五题

◎何勇

清光绪二十八年（1902）七月，温处道道员童兆蓉和温州知府王琛将中山书院改称温州府学堂。光绪三十二年（1906），温州府以校士馆（科举试院）为址创办温州师范学堂。温州府两学堂是现在的浙江省温州中学的两大源头，关于温州府两学堂的史实散见于温州中学历次校庆纪念刊及《温州市教育志》等。由于年代日远，很多史实模糊隐晦，需要我们去考证，去揭秘。

纪念日之谜

10 月 11 日是温州中学的校庆日，但这一日子却并非温中的成立日，温中到底成立于哪一天，几乎成为一个秘密。

2020 年，温州中学一百一十八周年校庆时，校园内竖起一块纪念牌，从牌中“1902.10.11—2020.10.11”的字样可以看出，制作者显然不知道温州中学并非成立于 1902 年 10 月 11 日。要揭开这一秘密，不妨先从温中校庆日的由来说起。

《温中百年》记载：

（1923 年）10 月，根据教育部新学制的要求，十师和十中合并，以后即以合并之日（10 月 11 日）为校庆纪念日。

可见，10 月 11 日是十中和十师的合并日。当时，温州府学堂已经更名为浙江省第十中学校，简称十中；温州师范学堂已更名为浙江省第十师范学校，简称十师，合并之后，校名仍是浙江省第十中学校，但鉴于十师的重要地位，就摒弃了原十中的校庆日，而以合并日为校庆日了。

那么十师的地位为何如此重要呢？

温中人都知道，温中的创始人为孙诒让先生，但实际上，孙诒让并未担任实际意义上的温州府学堂总理（首任总理为余朝绅）。

相反，温州师范学堂却是孙诒让一手创建的，从经费筹集到校舍建设，从章程制定到教习聘用，时任温州学务分处总理的孙诒让全都亲力亲为。1908年3月师范学堂正式开学，孙诒让却于当年6月逝世，孙诒让为师范学堂的建设可谓鞠躬尽瘁。

而从学校的定位上讲，师范学堂甚至要高于中学堂，它更接近于现在的大专。在创建师范学堂的时候，温州府学堂还处于初创阶段，学生程度普遍较低。在孙诒让所著《温州办学记》中，孙诒让有“永嘉则府、县两学堂程度皆尚在小学之内，故各县高才生不肯入郡学”之句。这里的永嘉府学堂就是指温州府学堂，初创期的温州府学堂程度仅为小学，各县的高才生因此宁可在县学堂就读而不愿意去府学堂。也正因如此，孙诒让另起炉灶而创办温州师范学堂，目的当然是为了培养师资，但另一方面其实也是对府学堂程度的担忧。

师范学堂不但校舍在当时省内一流，师资更是集中了温州的著名学者，在短短十几年的办学历史中，师范学堂就培养了不少大师级的人物，其中包括“一代词宗”夏承焘和文史学家苏渊雷等。

合并之后的十中设有中学部和师范部（同时设有小学部），直至1931年师范部奉命裁撤。后来的温州中学高中部基本就是以师范部为基础成立的。

另外，在合并之前，两校的关系就十分密切，这当然也与两所学校都是孙诒让先生创办的有关。当时，很多老师都同时在两校上课，比如温中第三任校长刘绍宽，他本人就在两校同时兼课。著名学者朱自清也同时任教于两校，并在两校合并的当年，为新的十中撰写了校歌。

鉴于十师的重要地位和两校的良好关系，在两校合并之后，虽然校名仍是浙江省第十中学校，但将合并日作为新学校的校庆日也是合情合理的。

追本溯源，两校合并之前的温中，它有没有自己的建校纪念日呢？关于这个问题，《温中百年》没有具体日子的记载，但有一条相关信息：

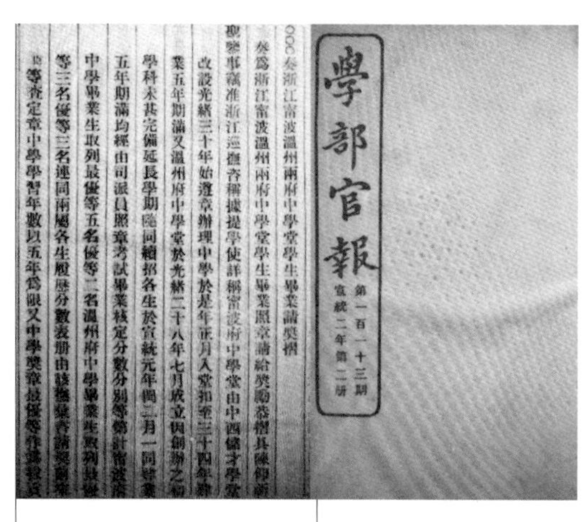

學部官報 第一百一十三期 宣統二年第二册

○○○奏浙江寧波溫州兩府中學堂學生畢業請獎摺

奏爲浙江寧波溫州兩府中學堂學生畢業照章請給獎勵恭摺具陳仰祈聖鑒事竊准浙江巡撫咨稱據提學使詳稱寧波府中學堂由中西儲才學堂改設光緒三十年始遵章辦理中學於是年正月入堂扣至三十四年畢業五年期滿又溫州府中學堂於光緒二十八年七月成立與創辦之初學科未甚完備延長學期隨同續招各生於宣統元年閏二月一同畢業五年期滿均經由司派員照章考試畢業核定分數分別等第計寧波府中學畢業生取列最優等五名優等二名溫州府中學畢業生取列最優等三名優等三名連同兩屬各生履歷分數表册由該撫咨請獎勵前來臣等查定章中學學習年數以五年爲限又中學獎章最優等作爲拔貢

《学部官报》第 113 期

（1920 年）3 月，师生举行同乐会，庆祝中学建校日……

笔者在阅读温中前期著名校长刘绍宽的著作《厚庄日记》（2018 年正式出版时定名《刘绍宽日记》）时终于找到了问题的答案，即：原温中的建校纪念日是 3 月 15 日（二月初三）。

《厚庄日记》1918 年 3 月 15 日记载：

十五日，初三日，辛酉，晴。中学成立纪念日，停课。

刘绍宽当时第二次出任温州中学校长，当时的校名为浙江省第十中学校，他在日记中习惯将其简称为中学。这段日记明确地记载了温州中学的成立纪念日为公历 3 月 15 日，农历二月初三。

由此可以看出，合并之前的温中，校庆日是 3 月 15 日。

那温中的建校时间难道是 1902 年 3 月 15 日？答案是否定的，因为如前文所述，1902 年 7 月，温处道道台童兆蓉和温州知府王琛将中山书院改称温州府学堂。温州府学堂的成立时间不可能早于 1902 年 7 月。

关于温州府学堂的成立时间，一般就认定为 1902 年 7 月。这一时间的认定，其依据是前清学部上呈朝廷的关于浙江宁波、温州两府中学堂学生毕业请奖的奏折。这份奏折刊载于清宣统《学部官报》第 113 期。

奏折中的文字明确记载：温州府中学堂于光绪二十八年七月成立。

那么，3 月 15 日为何成为合并之前温中的校庆日呢？

《百年温中》有以下记载：

1903 年 3 月，府学堂正式开办，首届收学生 50 人。

结合刘绍宽关于温中成立日的记载，这里的1903年3月府学堂开办的日期极有可能就是3月15日。也就是说，虽然府学堂成立于1902年7月，但由于正式开学是在1903年3月15日。因此，后来将这一天作为“成立日”来纪念。

这样，关于温州府学堂的“纪念时间点”共有三个：

其一，温州府学堂成立时间，即中山书院改称温州府学堂的时间，即温州中学的建校时间：1902年7月，具体哪一天不可考。

其二，1923年之前温中的校庆日，即刘绍宽所谓“中学成立日”，即首届学生正式开学的时间：3月15日，但要注意，这个3月15日开始于1903年而不是1902年。

其三，1923年至今的温中校庆日，即十中和十师的合并日：10月11日。

1923年之前，温州师范学堂是否有自己的校庆日呢？以笔者所知，目前尚未发现有关温州师范学堂校庆日的记载。但《厚庄日记》记载了师范学堂首届学生开学的日子：光绪三十四年二月初十（公历1908年3月12日）。当天，温州太守启续（迪斋）参加了开学仪式。如果没有新的发现，这也可以算是温州师范学堂的校庆日。

府学堂首届学生毕业时间

据《温中百年》之《温中百年史事纪要》记载：

1906年12月，中学堂首届学生毕业。6名毕业生中，3人为最优等生（称拔贡），3人为优等生（称优贡）。最优等的任宏中、潘云路、陈叔平破格留校任教。

又据《温中百年》之《学制和课程》记载：

中学堂初建时，学制四年，功课设经史、诸子、掌故、西政、舆地、西艺等科。1905年起，学制改为五年……

从表面上看，1902 年创校，1904 年毕业，学制四年，似乎合情合理。实际上，首届学生 1903 年 3 月才正式开学，如果 1906 年 12 月毕业，严格来说还不到四年。但三年半完成四年学业似乎也能说得过去。

但事实并非那么简单。笔者在阅读《厚庄日记》时发现这么一页：

廿一日，辛丑，晴。十时举行毕业式，吴太尊学庄、刘观察祖经、朱学师寿宝、余小泉太史、吕文起观察、陈经敷大令、黄仲荃孝廉均在座。毕业生计最优等三名：任宏中、潘云路、陈叔平；优等三名：崔陈鸿、李廷镳、陈慕琳。

这页《厚庄日记》的具体时间是农历己酉年闰二月廿一日（1909 年 3 月 12 日）。“闰二月”字样出现在前几页中，“己酉年”出现在更前面的卷首。吴太尊即吴太守，字学庄；余小泉即余朝绅，温州府学堂首任总理。

这段文字明确记录了 1909 年 3 月 12 日，温州中学举行毕业典礼，虽然没有写明是第一次毕业典礼，但毕业生中有公认的温中首届学生的陈叔平，而且在次年正月初十（1910 年 2 月 19 日），刘绍宽又记载“中学举行第二次毕业礼”。所以这次毕业典礼为温中首届学生的毕业典礼无疑。同时毕业合影，照片上的题字为“温州中学堂第一次毕业摄影”，它清晰地表明，这是温州中学堂的第一次毕业摄影。

那么有没有可能是刘绍宽误记时间呢？

如果是现代纪年，用几个阿拉伯数字，因为手误或日久天长导致字迹模糊，是有可能出错的，但《厚庄日记》上标注的时间是己酉年闰二月廿一日辛丑日，《厚庄日记》是一个完整的体系，整整四十册，写错时间长达三年意味着这段日记将出现在另一册日记中，这是不可能发生的事情。而且，如果写错年份，那就不一定有闰二月，更不会那么巧，二月廿一日又正好是辛丑日。

何况他的日记非常详细地记录了所有参加合影的人员，在当年的农历十二月廿三，他在日记中还特意说自己在此照片后题写教员、学生姓名。

其中有一铁证表明毕业时间绝不可能是1906年，那就是参加合影的温州知府吴学庄是1908年底才开始担任温州知府的。从1906年到1909年，温州换了三任知府，从锡纶到启续再到吴学庄。当时刘绍宽的工作是直接对知府负责的，他和知府们频繁见面，以1908年为例，他在日记里记录的与知府见面的次数就有八次之多，非常熟悉，知府的名字是不大可能写错的。

还有一份资料也无可辩驳地表明首届学生毕业于1909年，那就是前面提到的清学部上呈朝廷的关于浙江宁波、温州两府中学堂学生毕业请奖的奏折。这份奏折刊载于清《学部官报》第113期。

奏折中的部分文字如下：

> 温州府中学堂于光绪二十八年七月成立，因创办之初学科未甚完备，延长学期，随同续招各生，于宣统元年闰二月一同肄业，五年期满，均经由司派员照章考试毕业，核定分数，分别等第，计宁波府中学毕业生取列最优等五名，优等二名；温州府中学毕业生取列最优等三名，优等三名。连同两属各生履历分数表册，由该抚汇咨请奖前来。

鉴于《厚庄日记》有多处复杂而完整的时间记录，又有照片为

温州中学堂首届毕业生合影

证，且照片中的核心人物温州太守吴学庄1908年底才出任温州太守，加上这份请奖奏折，温州中学首届学生的毕业时间为1909年是毫无疑义的。

那么，首届学生从1903年至1909年在温中整整读了六年的中学，这和《温中百年》中提到的旧制中学四年制或五年制有一定的出入。关于这一点，请奖奏折做出了合理的解释，那是因为“创办之初学科未甚完备，延长学期”，而且还等后来续招的学生学满五年了才一起毕业。

另外，这份请奖奏折还解开了温中校史上的另一疑案，那就是首届首届毕业生人数之谜。

前文已经提到，《温中百年》之《温中百年史事纪要》记载的首届毕业生总人数仅为六名，虽然当年的学校规模无法与现在相比，但一届学生仅六名也太不可思议了，而这份请奖奏折解开了这一困惑。

从奏折文字可以看出，毕业人数肯定不止六名，否则就不存在“取最优等三名，优等三名”之事了。据《温中百年》记载，首届学生有50名之多，再加上续招学生，总人数极可能在百人以上，因此，首届毕业生人数肯定不止寥寥数名。遗憾的是，由于年代久远，除了六名优秀生，其余学生名单竟然佚失了。我们期待有新的发现，期待这份丢失的学生名单能重回温中人的视野。

“孙、黄”师范学堂之谜

温州老城区蝉街口的温八中，原是温州中学道司前校区旧址，如今在校门一侧的墙壁上嵌有一块石额，镌刻“温州师范学堂”六个大字,落款为晚清著名状元实业家张謇。不少市民在此驻足流连，若正好是温州师范学院校友，更是要与之合影留念。

殊不知，此“温州师范学堂”并非温州师范学院的前身，认真说起来，温中校友与之合影似乎更有意义，因为当年的此“温州师范学堂”后来并入了温州中学。

此“温州师范学堂”正是孙诒让于1906年创办的。1908年3月，温州师范学堂正式开学，校门悬挂一块石额，正是张謇手书的“温州师范学校”。

1923年10月，已经分别更名浙江省第十中学校和浙江省第十师范学校的温州府学堂和温州师范学堂合并，校名为浙江省第十中学校，换个说法就是，温州师范学堂并入了温州中学。此后，温州中学就设有中学部和师范部，师范部直至1931年才奉命裁撤。

至于后来的温州师范学院并非起源于孙诒让创办的温州师范学堂。

1921年，实业家黄溯初出资在其平阳万全老家创办郑楼小学。

上世纪三十年代，浙江省教育厅有意在金华或温州创办一所乡村师范学校，苦于校舍没有着落，黄溯初先生听闻此事，慷慨将郑楼小学全部财产捐归公有，1933年，省立温州师范学校在郑楼小学校址上成立。上世纪五十年代，温州师范学校从郑楼迁至温州市区，后经历曲折发展，成为温州师范学院。2004年，温州师范学院和原温州大学合并成立新的温州大学。

温大的历史，最早可以上溯到1933年黄溯初创办的省立温州师范学校（为行文方便，以下简称黄氏师范），但与1908年孙诒让创办的温州师范学堂（孙氏师范）已经没有直接关系了，何况孙氏师范早在1923年就并入温州中学了。

但故事总是没有那么简单，在温大校史博物馆中，有一件“镇馆之宝”，这就是“温州师范学校”石额原件。虽然并非起源于孙氏师范，但温大所藏石额却是孙氏师范所使用过的校名石额原件。

当年，孙氏师范悬挂的校名石额为“温州师范学校”，并入温中后，校名石额被弃用。1956年，出于对孙诒让先生的景仰，已经迁址温州市区的黄氏师范将闲置温中校园的“温州师范学校”校名石额悬挂于校门。后来，黄氏师范也数易其名，“温州师范学校”石额再度闲置。笔者上世纪八十年代末就读温州师范学院时，曾亲眼见到这块石额，当时就临时堆放在学生宿舍桥边的一块菜地里。

如今这块历经百年沧桑的传奇石额被作为圣物收藏于温州大学校史博物馆。认真说来，这块石额应是温中旧物。

问题回到温八中门口的那块石额，那显然是一块复制品，细心的读者已经注意到，那是“温州师范学堂”，而非“温州师范学校”，那又是何故呢？

据温州府中学堂原教习刘景晨先生手稿记载，当年孙诒让请张謇题写校名，张謇写了多个版本，其中有“温州师范学校”，也有“温州师范学堂”，因“学校”之名更符合当时的潮流，就将“温州师范学校”刻石悬挂于校门，而“温州师范学堂”手稿被刘景晨收藏。

1949 年 3 月，刘景晨将珍藏近四十年的“温州师范学堂”手稿赠予当时的温中校长金嵘轩。现在八中门口的“温州师范学堂”石额就是根据金嵘轩得到的“温州师范学堂”手稿复刻的。

名字的困惑

中国古人的名字系统非常复杂，有姓，有名，有字，有号，至于后人对前人的各种称呼可能更多。

名是最常用、最主要的称呼，多用于正式场合。绝大多数人的名更为人所知，比如温中创始人孙诒让，字仲容，号籀庼，大众显然更熟悉他的名，对于字和号，则较为陌生。

字一般是根据名中的字义另取的别名，往往是名的解释或补充，多用于称呼别人以示尊敬。比如温中前期著名校长刘绍宽，字次饶，宽和饶就词义相近，同样，孙诒让字仲容，让和容也词义相近。再比如毛泽东，字润之，泽和润也有关联，但泽东多用来自称和署名，别人一般要称呼他的字，建国前很长一段时间，朱德、周恩来等人都称毛泽东为润之，当然，后来习惯叫主席了。部分人的字更有名，后人多称其字，这就是所谓“以字行”。比如，蒋介石，名中正，介石其实是他的字。其他古代名人如屈原（名平）、唐伯虎（名寅）、文征明（名璧）和刘伯温（名基）等也都是以字行。

号是人名字以外的别称，多带有艺术色彩和非正式性质，雅者称“雅号”，俗者为“绰号”“外号”。也有部分人的号更有名。比如清代著名画家郑板桥，其名为燮，字克柔，板桥是他的号，但对于大众来说，恐怕都不熟悉郑燮之名，郑克柔更是很少听过。

一个人的称呼越多，可能意味着越有名气、越受人欢迎。大文豪苏轼，字子瞻，一字和仲，号东坡居士。至于后人对他的称呼，那是多到让人瞠目结舌，如苏眉山、苏眉州、苏学士、苏翰林、苏端明、苏文忠、苏子、坡翁、坡仙、苏仙、髯苏、髯公、髯翁、苏长公、长帽翁、大苏、大坡、老坡等等，据不完全统计，总数多达七十余个。在《刘绍宽日记》中，刘绍宽对孙诒让也使用了仲容、籀庼、中容、仲颂等多达十二个不同的称呼。

直到民国，国人仍沿用这种复杂的名字系统，甚至比古代有过之而无不及，因为那时候的文人还增加了一项发表作品时使用的名字——笔名。著名作家的笔名比原名要知名得多，如鲁迅（周树人，字豫才）、郭沫若（郭开贞，字鼎堂）、茅盾（沈德鸿，字雁冰）、巴金（李尧棠，字芾甘）等。很多作家的笔名多得让人眼花缭乱。温中校友郑振铎笔名就很多，主要有郭源新、落雪、ct、西谛等。

复杂的名字系统给温中的历史（尤其是前期的温州府两学堂）带来了很多疑点。有些校友在温中读书期间，只留下了少时使用的名字，而他后来则以其他名字行世，多年以后，当后人再去寻踪，就会产生困惑。这些情况在校史中如不加以说明，随着时间的流逝，势必成为永远的谜团。笔者仅就自己所了解的情况聊举数例，意在抛砖引玉。

温中校友数学家李锐夫，在校名为李蕃，蕃是他的名，锐夫是字，后来以字行。因此如果在学生名录中搜寻李锐夫是没有结果的。温中校友著名学者王季思，名起，字季思，后来以字行。在温中学生名录中，他的名字是王起。题写温中校训的著名书画家苏渊雷，字仲翔，校史中的名字是苏中常。苏渊雷则是后来大家所熟知的名字。新闻巨子马星野，原名马允伟，在温中就读时名马伟，马星野则是他后来的笔名。而马伟名字过于简单，容易重名，在1926年的初中毕业生中有马伟之名，在1928年的高中肄业生中也有一个马伟，疑似为同一人，但根据马星野的资料，似乎后一个马伟另有其人。同样重名的还有郑振铎，在温中前四届的肄业生名录中有郑振铎，在1916年毕业生中也有郑振铎，根据郑振铎的生平资料，后者才是我们熟知的郑振铎。而郑振铎之名在小范围内重名概率应该不大，疑似为校史编者的纰漏。

曾任浙江教育厅厅长的校友叶溯中，名震，字溯中，后来也以字行世。温中学生名录中的名字是叶震。李锐夫、王季思、苏渊雷、马星野在《温中知名校友录》的简历中有他们在校名的记录，研究者还可以在《温中学生名录》中找到他们当年使用的名字。但叶溯中不见于《温中知名校友录》，因此就很难在《温中学生名录》中找到当年的叶溯中了，除非你专门先去查证叶溯中原来的名字。但也有些人，由于改名了，少年时代的名字也可能没有记录在他的个人资料中，那就有可能成为不解之谜。比如温中校友张冲，字淮南，无论张冲还是张淮南都不见于温中学生名录，但《温中百年》中有这样一条记录：一九二〇年 一月学生张绅（后名冲）发起组织“醒华学会”，宣传新思潮。若非细心的读者，很难想到，这个张绅就是张冲，而 1923 年的毕业生名单中，张绅赫然在列。

温中教师张震轩（当时称温州府中学堂教习），名棡，字震轩，当年以字行。意外的是，随着《张棡日记》的出版，张棡的名字比张震轩更为有名，在《温中教师名录》中可以找到张震轩，但很多人没想到，这张震轩就是张棡。将来，以字行世的张震轩恐怕要被迫以名行世了。

还有一件趣事，温中八十周年校庆时，郭绍震校长曾联系温中著名校友赵超构，但赵超构回复说，他当年是被温中开除的，已经不算温中人了。因此在《温中学生名录》中没有赵超构之名，但在《温中知名校友录》中仍有赵超构的简介。

开除学生有各种原因，其中大部分是政治因素。但我想，连开除党籍也有恢复的，为什么校籍被开除了，就不能恢复呢？当然，恢复不恢复并不重要，重要的是，只要在温中读过，就是温中的学生，这是不能改变的事实。

温中创始人的考证

据《温中百年》之《温中百年简史》记载：

温州中学创办于清廷推行“新政”时的晚清。清光绪二十八年

（1902 年），国学大师、教育家孙诒让（1848－1908）商请温处道童兆蓉和温州知府王琛，将温州府属中山书院改为温州府学堂。

又据《温中百年》之《温中百年史事纪要》记载：

1902 年 7 月，温处道童兆蓉（劭甫）和温州知府王琛（雪庐）召集各县重要士绅 30 余人，商议办学事宜。根据孙诒让的建议，决定改中山书院为温州府学堂，众推孙诒让为府学堂总理。

孙诒让时任“瑞安普通学堂”总理，以瑞安学务繁忙，谦辞温州府学堂总理一职。于是延聘余朝绅为总理，陈祖绶为副总兼总校，府学教授朱寿保兼监堂。孙诒让总理职务仍厕名，凡校政的擘划、经费的筹措、教师的物色，莫不预闻。

事实果真如此吗？

首先，“孙诒让商请温处道童兆蓉和温州知府王琛，将温州府属中山书院改为温州府学堂”或“根据孙诒让的建议，决定改中山书院为温州府学堂”这样的表述是不符合史实的。

因为将书院改为学堂这是清政府的统一要求，而不是某个人的想法或建议。1901 年 9 月，清廷颁布《兴学诏》，明确要求“除京师已设大学堂应行切实整顿外，着各省所有书院于省城均改设大学堂，各府及直隶州均改设中学堂，各州县均改设小学堂，并多设蒙养学堂”。温处道和温州府因此召集各县士绅商议办学，将中山书院改称温州府学堂，这显然是统一的官方行为。事实上，包括温中在内的很多名校都是这样诞生的。

那么，孙诒让有没有担任温州府学堂总理，或者说有没有“厕名”呢？

孙诒让的儿子孙延钊著有《孙衣言孙诒让父子年谱》，其中关于此事的记载是这样的：

（1902 年）秋七月，温处道童劭甫与温州知府王雪庐提议将府城原有中山书院改办温州府学堂，特邀府城及各县重要士绅开会于精勤堂。诒让参加会议，极表赞同，众推诒让为总理，诒让辞未就。旋改推永嘉士绅余朝绅担任总理。

这里明确指出开办温州府学堂是温处道和温州府的官方行为，孙诒让作为温州府下属瑞安县的士绅，最多也只能表示赞同而已。至于总理一职，这里明确记载是“众推诒让为总理”，但孙诒让“辞未就”。

那么，孙诒让为何推辞呢？

因为当时孙诒让正忙于瑞安学务。

1896 年，孙诒让创办瑞安学计馆。到了 1902 年春，学计馆和项申甫等开办的方言馆合并，成立瑞安中学堂，由黄绍箕在京遥领总理，孙诒让任副总理主持校务兼任总教习。由于瑞安中学堂刚刚开办，作为实际主持工作的孙诒让拒绝接受温州府学堂总理一职也是可以理解的。

那么，有没有“厕名”呢，也就是虽无正式出任，但仍厕列其名呢？

《孙衣言孙诒让父子年谱》全文没有提及“厕名”一事。

那么，《孙衣言孙诒让父子年谱》是否没有记载这种虚名的习惯呢？

我们可以发现，年谱记载了孙诒让的各种“辞让”，有辞让“京师大学堂经学教习”、辞让“京师大学堂总教习”、辞让“江浙渔业公司副总理”、辞让“礼学馆总纂”、辞让“存古学堂总教习”等等，看来《年谱》对各种职务还是极为重视的，连推辞掉的职务都一一记载。而家乡教育尤其为孙诒让晚年所看重，如果他“厕名”温州府学堂总理，《年谱》应该会有所体现。

那有没有可能，年谱因涉及的事情太多，而遗漏了“厕名”一事？

那我们再来看看温中校史。

温州中学现存四个版本的校史资料，分别是《温中百年》《温州中学九十周年校庆纪念刊》（以下简称《九十周年纪念刊》）、《温州一中八十周年校庆专辑》（以下简称《八十周年专辑》）和《浙江省立温州中学创校四十周年纪念刊》（以下简称《四十周年纪念刊》）。

其中《四十周年纪念刊》的编者是文史学家、温州中学前国文教习董朴垞，考古学家、温中著名校友夏鼐也参与了编写（事见《夏鼐日记》），再加上当时离建校时间不远，很多当事人仍在世，因此，《四十周年纪念刊》的可信度在各个版本中应该是最高的。那么关于孙诒让，《四十周年纪念刊》是如何记载的呢？

《四十周年纪念刊》关于孙诒让有两篇文章，分别是董朴垞撰写的《本校创始人——孙仲容先生》和孙延钊撰写的《温中校史及其出版事业的概观》。

《本校创始人——孙仲容先生》是一篇关于孙诒让的传略，虽然篇幅不长，但结构完整，分身世、著述、事业、荣哀四大部分，较为系统地介绍了孙诒让的生平事迹，应该说是董朴垞代表温中为孙诒让作传，是极为正式和慎重的，其可信程度较高。阅读近三千字的全文可以发现，文中并无一处提及孙诒让出任府学堂总理一事，也无“厕名”之说，只说“聘余朝绅为总理”。

《温中校史及其出版事业的概观》一文，作者正是孙诒让的儿子孙延钊，也就是《孙衣言孙诒让父子年谱》的作者。由于本文是发表在温中校庆纪念刊上，因此，在述及孙诒让与温中的关系这一问题上，比起《孙衣言孙诒让父子年谱》，这篇文章应该更有针对性。

《温中校史及其出版事业的概观》首先简述温中历史，在列举温中历任校长时，明确提到的是余朝绅、陈祖绶和刘绍宽，并称此三人在府学堂创办的时候，有“力任筹划之劳”，关于温中的筹办，他并没有提及他的父亲。

那么作为孙诒让的儿子，有没有可能因为谦虚而略去孙诒让的名字呢？从后面的行文看，应该没有这种可能。因为后文详细叙述了孙诒让担任学务分处总理并创办师范学堂的过程，显然孙延钊没有必要对两校厚此薄彼，尤其是这篇文章是要收入温中校庆纪念册的，更没有理由“厚”师范学堂而“薄”府学堂。如果孙诒让曾担任温州府学堂总理，或为温州府学堂做过什么，孙延钊是不可能不提及的。

但有趣的是，在《四十周年纪念刊》的卷首，有当时温中校长朱一清写的《本校简史》一文，文中有“延聘余朝绅、孙诒让为总理”

之句，在民国朱芳圃编著的《孙诒让年谱》中也有“延聘先生（孙诒让）和永嘉余朝绅为总理”的说法。

显然，此两者的说法是一致的，但请注意，这里的措辞是“延聘”，而非“担任”，结合《孙衣言孙诒让父子年谱》的记载，就可以理解这里所谓“延聘”的意思:那就是众人曾推举（延聘）孙诒让，只是孙诒让推辞不就罢了，朱一青和朱芳圃只记录了延聘，却没有记录“辞未就”，这可能就是后人引起误会的原因吧？

1982 年,洪震寰在《八十周年专辑》的《孙诒让》一文中说“以公务纷繁谦辞”。但到了 1992 年，当时温中校长郭绍震在《九十周年纪念刊》的《温中校史》一文中说“于是厕名郡学，并列为府学堂总理”。并在文后注明“厕名”之说来源于孙诒让致刘绍宽的信札。笔者翻阅了《孙诒让遗文辑存》中孙诒让致刘绍宽的相关信件，其中原文是“郡堂弟虽厕名，然事不甚与”（郡堂指温州府学堂，弟是孙诒让自称），并无“并列府学堂总理”一语，那么，厕名是否就意味着厕名为总理？笔者不得而知，但也不能说一定不是，就姑且认定为可能厕名总理吧。

那么，“辞未就”并可能“厕名”总理的孙诒让，有没有可能对温州府学堂做到“凡校政的擘划、经费的筹措、教师的物色，莫不预闻”呢？

无论是《孙衣言孙诒让父子年谱》还是《孙诒让年谱》，在 1902 年 7 月至 1905 年 6 月近三年内（从府学堂筹建到孙诒让出任温处道学务分处总理），《年谱》所记载内容除孙诒让参加首次筹备会议外，其他无一事涉及温州府学堂，而且，其间孙诒让的主要活动全部集中在瑞安。

朱芳圃的《孙诒让年谱》相对简略，姑且不言，但《孙衣言孙诒让父子年谱》却是洋洋洒洒四十万言的大作，1902 年 7 月至 1905 年 6 月三年间的文字也有一万多，其间记录孙诒让大事小事无数，大事如成立轮船公司开通温州至上海的航线、筹划在温州开矿等，小事如从上海订阅某种报刊、他的从弟从日本来信等等，都一一记录，但其间没有只字涉及温州府学堂。

在此问题上，《四十周年纪念刊》与《孙衣言孙诒让父子年谱》

保持一致，没有提及孙诒让在此三年与温州府学堂的联系。

“凡校政的擘划、经费的筹措、教师的物色，莫不预闻”，首先要有身份、职务上的保证，其次就是时间、空间上的保证。从身份上说，孙诒让虽然在后世享有大名，但这主要源于他的学术成就，就算他可能“厕名”总理，也总不如正式总理余朝绅名正言顺，何况余朝绅进士出身，是郡城知名士绅，“校政擘划”之类的大事一般是轮不到孙诒让的。至于时间、空间上看，孙诒让忙于瑞安学务，其间还成立轮船公司、组织开矿等等，忙得不可开交，当时瑞安温州之间交通又不像现在这样方便，他恐怕做不到两头兼顾。所以，所谓“校政的擘划、经费的筹措、教师的物色，莫不预闻”几乎没有任何可能。事实上，正如前文所述，孙诒让给刘绍宽的信中就说自己“事不甚与”。

“校政的擘划……”说法最早出现于《八十周年专辑》，洪震寰在《孙诒让》一文中说：“先生对于我校还是殷殷爱护，加意扶植。举凡校政的擘划、经费的筹措、教师的物色，莫不预闻”。似乎孙诒让身居高位而对温中青眼有加，让人明显感觉并非实指，而是后世追慕之语。郭绍震在《九十周年纪念刊》的《温州中学校史》中改为“仍厕名，但事不甚与”，这是孙诒让的原话。而《温中百年》又恢复《八十周年专辑》的说法。三者观点摇摆反复，但洪震寰的文章根据的是孙诒让的信札，显然较另两者更为可信。

通过比较大量史料大致可以得出以下结论：

改中山书院为温州府学堂肯定不是源于孙诒让的建议，所谓“商请”也不符合史实；孙诒让没有出任温州府学堂总理，“厕名”则有一定可能，还需进一步考证；孙诒让在温州府学堂创办之初的三年，“凡校政的擘划、经费的筹措、教师的物色，莫不预闻”是基本不可能的。

也就是说，除了一开始曾众推孙诒让为总理和可能曾“厕名”总理，从1902年到1905年，温州府学堂和孙诒让并没有太多交集，那么，为何百年温中历来尊孙诒让为“温中创始人”呢？这是否符合史实呢？

首先，温中是因清政府的统一政令而创办的，我们总不能说大

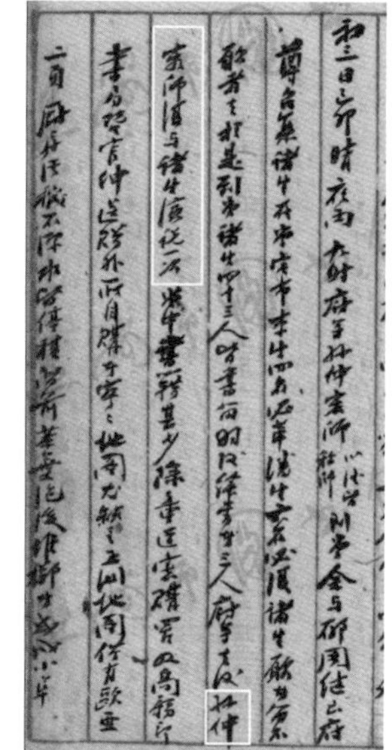

《刘绍宽日记》光绪三十二年闰四月初三记载，在宣布开除闹事学生后，孙诒让又对府学堂学生发表演说，刘绍宽使用的措辞是“孙仲容师复与诸生演说一次”，可见他对堂中学生演说是常事

清皇帝是温中的创始人。童兆蓉和王琛是温州当时的父母官，如果认定他们是温中创始人，那所有学校的创始人几乎都是当地政府的官员。那么，可供选择的“温中创始人”主要有孙诒让、余朝绅、陈祖绶、刘绍宽四人。

余朝绅是温州府学堂首任总理，辞职时，府学堂尚没有正式开学，建树不多。

陈祖绶的任期是1903年3月至1906年4月。在此期间，旧派势力顽强，府学堂办学几乎处于停滞状态，而陈祖绶的管理失于宽纵，“堂中学生腐败之名为五县最”，因而陈祖绶声望不高。刘绍宽1906年接手府学堂监督(总理改称监督)，做出了很多开创性的贡献，是温中实际意义上的奠基人（笔者另文再述），但他毕竟已经是第三任校长，说他是温中的创始人实在有些牵强，更何况他是孙诒让的弟子和助手，无论学问、声望都不及孙诒让，因此这四人中，孙诒让更当得起“温中创始人”的称号，具体依据如下。

首先，孙诒让参加过首次筹备会议，众人还曾推举过他出任府学堂总理，虽然“辞未就”，但可能曾“厕名”府学堂总理，而且学问、威望为温处两郡学人所景仰。

其次，他1905年起出任温处学务分处总理，也就是他成了温州府学堂的顶头上司，统摄两郡学务。我们惊奇地发现，如果把时间后移三年，用“凡校政的擘划、经费的筹措、教师的物色，莫不预闻”来描述孙诒让对府学堂的贡献就恰如其分了。正是在孙诒让的主导之下，刘绍宽出任温州府学堂监督，并在孙诒让的直接领导之下开始整顿温州府学堂。

《刘绍宽日记》就记载了不少孙诒让参与府学堂工作的事例，这里仅举一例。当时刘绍宽初任监督，有学生带头闹事，温州知府锡纶和孙诒让亲临现场，果断开除了闹事学生，极大地支持了刘绍宽的工作，才使温州府学堂走出了初创期的困顿，帮助温中在不久之后迎来了第一个辉煌时代。

如果非得说一个学校办学的初创期只能是前三年，那孙诒让确实不能算温州府学堂的创始人，但谁说初创期只能是三年呢？温州府学堂的初创期就尤其漫长。

温州府学堂名义上1902年创校，其实1902年就改了个名。首届学生直到1903年春才开学，开学之前，首任总理余朝绅就辞职了。当时学科不备，学制不定，领导不力，首届学生整整读了六年才于1909年毕业。因此，从1902年到1909年都应该是温州府学堂的初创期，孙诒让在温州府学堂的工作从1905年开始，也还是初创期的工作。

其三，孙诒让创办了温州师范学堂。关于此事，各种史料的记载惊人一致，那就是孙诒让一手筹办温州师范学堂，并甚至因此鞠躬尽瘁，1908年春，师范学堂成，同年夏，孙诒让逝世。后来温州师范学堂并入温中，成为温州中学的重要组成部分，单从这个层面上说，孙诒让对温中的贡献也是巨大的。

也许在当时，温州府学堂未必认定孙诒让是"本校创始人"，因为毕竟他不是从刚起头就接手温州府学堂的工作。这从孙诒让去世之后的各种纪念活动就可以看出，比如，他的追悼会就不是在温州府学堂开，而是在师范学堂开（当然也可能是因为场地的原因），怀籀亭也是建在师范学堂而不是在府学堂。但时间久远了，再回过头去看，其实1902年也罢，1905年也罢，都还是"刚起头"，温中都还处于婴儿期，何况孙诒让"刚起头"就可能"厕名"府学堂总理呢。

更重要的是，温州府学堂和温州师范学堂后来合二为一，并最终发展成温州中学，合并之后，孙诒让更成为当之无愧的温中创始人。因为若论对温州府学堂的贡献，除了孙诒让尚有刘绍宽等人，但若论对温州府两学堂的贡献，则没有人能与孙诒让比肩矣。

正因如此，1942年温州中学举行四十周年校庆时，才将《本校创始人——孙仲容先生》一文正式写入《四十周年纪念刊》，这是目前所见最早的关于孙诒让是温中创始人的提法，也从此成为定论。

孙诒让是否为温中的创始人？温中人大多想当然以为是。但有意思的是，了解多了，反而有可能以为不是。只有深入研究，用心考证方才明白，尊孙诒让为"温中创始人"，实非攀附，而是尊重历史的必然。

屈辱与抗争：四一九事变考述

◎ 王长明

七七事变，抗战军兴。为防范日军登陆我东南沿海，国民政府于平津沦陷后次日（1937 年 7 月 31 日）下令兴建温（州）台（州）海防工事，并迅速设立温台防守司令部，温州实际已成国防前线。但此时战事尚集中华北、华中，温州尚能偏安，且因担当沿海与内地转运枢纽的重任，一时商贾云集，市面繁荣，远胜战前，故有“小上海”之称。但随着 1938 年日机炸毁温州城南的南塘军用机场，次年起又持续空袭温州城区及所属各县，温州已不再是“海滨的安乐窝”，唯有铁血抗争，方能救死求生。1941 年 4 月 19 日，日寇侵占瑞安，次日占温州城，至 5 月 2 日和 3 日相继撤离温、瑞，这是抗战中温州地区首次沦陷，史称“四一九事变”。1942 年与 1945 年，日军第二和第三次侵占温州，在这前后三百余天的时段内，温州劫难深重，但又不屈抗争。本文依据近年发现史料与实地考察，对温州首次抗击日寇侵占过程做简要考述。

第五师团跨海远程登陆所为何事?

日军首次侵温部队主力为其王牌军——第五师团所属第二十一联队，按兵源地又称广岛师团滨田联队。温州地方史志或将该部误为第二十六补充师团之一部，师团长秀林少将，或误作第五师团第二十一补充联队，此两误说源头分别为《瑞安县政府三十年度业务报告·应变与检讨》与《温州守备区永瑞战役战斗详报》（以下简称《瑞安四一九应变报告》《永瑞战役详报》）[1]，应为当时对敌情掌握不准所致。

第五师团素有“钢军”之名，它是日军最早组建的七个师团之

[1] 瑞安县政府秘书室编印《瑞安县政府三十年度业务报告·应变与检讨》，年代不详。《温州守备区永瑞战役战斗详报》，中国第二历史档案馆藏，档案号 787—10157。

一，在中日战争爆发前的十七个常设师团之一，1940 年以后改编为日军四个机械化师团之一，在全面侵华战争期间，它既有击溃中国三十多个师的纪录，也曾在平型关、昆仑关等处留下败绩。最为中国人熟悉的是其第十九任师团长板垣征四郎，因此该师团也被中国人称作“板垣师团”，不过板垣在 1938 年就已离任，入侵温州时的师团长为松井太久郎。

1941 年 3 月 23 日，侵驻中国上海的第五师团从吴淞港出发，4 月 3 日抵日本九州的长崎与第五飞行集团一起参加陆空合成登陆的“吕号大演习”。4 月 5 日演习结束后，在唐津集结。4 月 11 日从日本唐津返程，12 日抵朝鲜木浦港，并在该港开展登陆训练。16 日，从木浦港拔锚直奔浙东[1]，18 日夜至 19 日凌晨在宁波之镇海、象山之石浦、台州之海门、温州之瑞安等浙东各地同时登陆。

唐津曾是日本去往大唐之津渡，此时却成了日军侵华的出发地。参战日本军人回忆，他们正盼着重返上海，船队却驶向飞云江口。[2]该师团此次回国参加以进攻马来亚、新加坡为假想目标的“吕号大演习”，同年 12 月又成为进攻马、新实战的主力，故而其侵占温州等浙东地区，开展大规模的远程跨海登陆实战，可视作在为即将发动的太平洋战争“热身”。

与此同时，日本 1941 年 1 月制订《对华长期作战指导计划》，提出“力求加强地面、海上及空中的封锁，切断法属印度支那通道，以海军封锁海面及以陆军兵力封锁海港作战并行，加强在经济上对中国进行压迫”[3]，日军大本营于 1941 年 2 月 26 日下达命令，规定“中国派遣军总司令官应对浙江省以北的中国沿海、华南方面军应对福建省以南的中国沿海，自现在起分别以一部分兵力，随时进行以封

[1]【日】步二一会编纂《滨田联队史》，1973 年 4 月发行，第 352 至 353 页。

[2]【日】村上哲夫著《广岛师团的脚步》，1961 年 3 月发行，第 223 页。

[3] 日本防卫厅防卫研究所战史室著，田琪之、齐福霖译，《中华民国史资料丛稿译稿中国事变陆军作战史第三卷第二分册》，中华书局 1983 年 3 月出版，第 101 页。

1941 年 4 月 19 日，日军舰船驶入飞云江，其官兵换乘舟艇，在瑞安各处登陆。来源:《滨田联队写真集》

锁为目的的作战”。为此，中国派遣军将封锁作战列为 1941 年各项任务之首。1941 年成为日军对我国沿海实施封锁作战最为频繁的一年。

而温州作为抗战初期几个尚未沦陷的港口之一，是沿海与内地大后方人员物资转运，中国争取国际援助、坚持抗战的重要枢纽，又是中国支援世界反法西斯战争的重要枢纽。抗战时期，温州是国民政府指定的全国重要的桐油出口口岸，桐油当时作为广泛用于枪炮、坦克、军舰、飞机等防腐防锈的重要战略物资，为中国换取了大量抗战急需的物资，此外还从温州转口矿砂、铅、锡、汽车、航空油料等其他战略物资。1941 年日军侵占温州就是其“切断援蒋通道（指撤退至重庆坚持抗战的国民政府），夺取利敌物资”的重要行动之一。

滨田联队为基干　日军投入兵力三四千

第五师团第二十一联队此次入侵温州投了其全部兵力，除回日本演习的部队外，留守上海的部队也被追加进来。在全面侵华之初，日军一个联队满编共 3747 人。但到了 1940 年底至 1941 年初，第五师团与第二十一联队都进行了改编。第五师团由四联队制师团改编为三联队制师团（第四十一联队抽出），并编成日军首批机械化师团。同时从第二十一联队中抽调约八百人转隶新成立的独立混成第二十旅团及所属独立步兵一零四、一零五大队。同时还有约一千两百名长期参战的士兵分四批回国，又有约九百名补充兵员到达。[1] 这样，第二十一联队实有人数降至约两千七百人。

根据《滨田联队史》，侵占温州城区的为第二十一联队第一、第三两个大队，侵占瑞安的为该联队第二大队。第二十一联队经过改编后，其下属步兵大队兵力应为八百人左右。而据《瑞安四一九应变报告》中的《敌人兵力分布统计表》表明，日军在瑞安城区及仙岩寺、沙园、杜山头等各处总计有兵力一千七百余人。这意味着除了第二大队外，还有其他部队侵入瑞安。据《永瑞战役详报》记载，有日本海军陆战队参与此次入侵：1941 年 4 月 17 日，"本防区横址山附近先后驶到敌舰六艘，载敌陆军第五师团之第二十一补充联队，附海军陆战队约六百余。"[2]

该《敌人兵力分布统计表》显示驻扎城厢中心学校、快活容光照相馆的日军二十余人，配有坦克车四辆，迫击炮三门。《永瑞战役详报》也记载与第二十一联队及海军陆战队同期运达的有坦克四辆。日军步兵联队、陆军师团均未配备坦克，但第五师团的搜索联队（由原骑兵联队改编而来）下设两个轻装甲车中队，各配九七式轻装甲车五辆，此装甲车除机枪外，还配有战车炮，因外形酷似坦克，被误认实属正常。当时的媒体曾报道："有一次敌人派了一架坦克来搜山，当坦克刚开上北门边的一根石桥时，桥板突然轰的一声断了，坦克也跟着翻下河去，结果溺死了敌军一名，伤了两三名，死尸在公共体育场焚化，并且敌军还开会追悼，可是却没胆再来一次'清乡'了"。九七式轻装甲车自重 4.25 吨，完全有可能压垮石桥。[3]

[1]《滨田联队史》，第 352 页。

[2] 横址山岛属玉环，西濒乐清湾。

[3] 临潼：《敌寇在瑞安的暴行》，1942 年 4 月 19 日《温州日报》第二版，《四一九周年纪念特刊》，此《温州日报》系国民党方面报纸，非今日的中共温州市委机关报。

这证明第五师团的直属部队参与此次侵温州作战。

同时,《瑞安四一九应变报告》的《敌人炮兵阵地及炮位统计表》则记载侵驻瑞安的日军共有野炮六门，大炮一门，迫击炮三门，小钢炮十门，不明种类炮十六门。野炮是日本陆军师团下属炮兵联队的配置，第五师团辖一个野炮兵联队，下设三个野炮兵大队，每大队各配十二门三八式改进型 75mm 野炮，兵力约六百人。这也就是说，第五师团野炮兵联队有半个炮兵大队约三百人侵驻瑞安。

该表中“大炮”当指四一式 75mm 山炮，为联队炮中队的配置。关于表中的“迫击炮”，日本史料显示第十三军直属迫击第四大队在大队长盐田少佐带领下参加此次瑞安及温州作战。[1]迫击大队编制为 963 人，其中大队本部 95 人、三个中队每中队 229 人，各中队配九四式 90mm 轻迫击炮 12 门，大队段列 181 人（负责给养、弹药）。那么,应当有一个迫击中队 12 门炮在瑞、温参战(瑞安三门，温州九门)，且还有大队本部及大队段列部分人员负责指挥与后勤，兵力投入约三百人。

至于“小钢炮”为中国方面的俗称,但说法不一,认为指掷弹筒、九七式 90mm 轻迫击炮及九二式 70mm 步兵炮的皆有。但此处“小钢炮”不可能指掷弹筒，因为日军每个步兵大队配有三十六具掷弹筒，而不是十具；也不可能是九七式 90mm 轻迫击炮，因为第五师团这种王牌部队不会配备此类武器；最大可能是九二式 70mm 步兵炮。不过日军步兵大队，仅配一个步兵炮小队，只有九二式 70mm 步兵炮两门，而此时第二十一联队直属炮兵为联队炮中队与速射炮中队，配有四一式 75mm 山炮与速射炮各四门，加上三个步兵大队各配九二式步兵炮两门，共计各类炮才十四门，并且其他两个大队在攻占温州城的战斗中必须有充足的炮兵支援，而驻瑞日军仅九二式步兵炮就有十门，合理的解释只能是其他师团级及以上作战单位

[1] 迫四会大队史编纂委员会编《野战回忆》，第 97 至 98 页，迫四会本部事务局，1985 年。

派出部分炮兵参加了瑞安作战。

上述分析证实侵驻瑞安的日军兵力约有一千七百人，并非虚言。那么，侵占温州城区的兵力只会多于瑞安，且炮兵投入方面还要强于瑞安。那么，此次入侵整个温州地区的日军兵力应当有三四千人之谱。

日军登陆瑞安半浦之后，照片中出现自行车，可见日军自行车部队之传说不虚。来源:《滨田联队写真集》

避实击虚　登陆瑞安 迂回侧袭

温州大陆海岸线北起玉环，南至平阳（此时玉环属温州），绵延三百余公里，而此时驻防温州的中国陆军暂编第三十三师不过四千四百余人，加上配属其指挥的海军温州炮台、地方保安及自卫团队等尚不足六千人，故而守军采取沿海岸线择要配置警戒，并重点置于瓯江南北岸的守备方针，其中瓯江口南北两岸分别驻有该师第一团和第二团，同时中国海军在南岸的茅竹岭与北岸的垟田设有炮台，江面又以水雷、茅竹等实施封锁。1938 年至 1940 年，日舰迭次窜扰瓯江口，均因防范严密，不能得逞。但中国守军防线呈一字长蛇阵，缺乏防御纵深，且在城区与侧翼兵力薄弱：城区仅有第三团第一、三两个营及保安大队，飞云江口与瑞安方向仅有第三团第二营与瑞安自卫大队防守。[1]1941 年，日寇第五师团抓住这一致命弱点，避实击虚，集中压倒性优势兵力，从飞云江口突入，致温州防线瞬间崩溃。

4 月 17 日午前十时，第二十一联队分乘“善洋丸”“台东丸”抵飞云江口外春岛（该岛具体位置待考）会合。18 日午后十时三十分进入锚地。19 日零时许，派出船艇两只闯入我封锁线内，驻南岸沙园的自卫队员以步枪遥击，日艇旋即折返。一时许，日艇一只再次窜入，自卫队员再次步枪遥击无效，日艇直抵南门江边。

[1]《永瑞战役详报》，第 4 至 5 页。

三时，日军发起总攻，约八十人首先登陆四大厂，进占沙园。同时二十一联队第二大队在飞机、军舰掩护下乘艇从横山、南门、东山、萧宅上岸，合围瑞安城，日寇晨七时攻入瑞安城内，并派出部分兵力沿永（温）瑞路方向水陆并进北犯温州。

就在袭占瑞安城的同时，第二十一联队主力第一、第三大队西溯飞云江，于十九日晨六时三十分在半浦（今前垟，属潘岱）至岩头（今澄头，属桐浦）登陆成功。此地正当飞云江大拐弯处，北距温瑞边界群山不过十公里，这些山高者达三百至六百米，但也有仅百余米高的小岭、桐岭，翻过去就是上河乡平原，再往东北约十五公里就是温州城，此去温州不但比从永瑞路方向要近十公里，且全线无设防，为侧袭温州城的最佳选择。

关于日寇侧袭温州，通行说法是日军循桐溪，越桐岭到温州。而依据《四一九事变应变报告》《永瑞战役详报》《广岛师团的脚步》《滨田联队史》，并结合多次田野调查，确认此股日军实际又分两路行进。一路日军从岩头（今澄头）登陆后，以自行车部队为先导，经浦西、云屿、桐溪，越桐岭背，下至岭根，经潘桥，至渚浦。另一路在半浦（前垟、后垟）登陆，经河东、户山头（河山头）、桃岙（陶岙）、岩坑，翻越小岭，下至陈岙，经娄桥至新桥。

两路日军从登陆地动身时间为上午八点半，十时许其先头部队已经抵达小岭、桐岭一线。[1]小岭又称小桐岭，西距桐岭（又称大桐岭）两公里，均处于温瑞边界，也都建有分水城。日军士兵回忆他们“越过小岭山巅的高大建筑”，指的就是小岭分水城。[2]古老的关隘，曾经一夫当关，万夫莫开，此时空无一夫，大门洞开。日军安然过分水城后，沿着古道下山，直趋温州城。

当年日寇大军压境，路线选择精准，如入无人之境，显系反复

[1] 唐海《永嘉的失陷与收复》：“一九四一年四月十九日上午十点以后，“在离城西南三十里瑞安交界的桐岭，已经发现了日人。”1941年5月30日《华商报》第二版。

[2]《广岛师团的脚步》，第223页，

侦察之后精心策划，而不会是临时找几个汉奸带路就能办到。时至今日，地方史志中对日军当年的入侵路线仍只能载其大略，而日方史料则精确到村，此间反差令人唏嘘。

猝不及防与顽强抵抗：温州城郊与城内之战

4 月 19 日三时许，日军在瑞安甫一登陆就切断瑞安与温州之间的电话联系，致温州守备区（统辖暂编三十三师、海军温州炮台、温州地方保安自卫团队）对日军动向所知甚少，反应滞后。迟至上午九时，派出一个保安中队加一个军士区队，向桐岭方向搜索前进，十五时在老竹与日军主力遭遇，仓卒应战，几乎全军覆没。在日军侵入瑞安城后，城内及近郊战斗持续至中午，第三团第二营在敌海陆空三面环攻之下，战斗甚为惨烈，第四连连长欧阳济在隆山、第六连连长徐志芳在西山均负重伤，兵士伤亡亦重，后转移至外围，继续拒敌。

暂编三十三师大部守备沿海，回防不及，只得集中城区仅有的两个营及军士队、荣誉队约千人，在新桥街、西山及营盘山（俗称莲花心）、渚浦山（主峰称君子峰）等地预伏迎敌。当日下午十七时左右日军大部队抵达渚浦、新桥附近，随即攻击该处中国守军。战斗从十七时持续至次日凌晨，新桥上及沿河一带尸横累累。日军第一大队攻西山，第三大队攻营盘山侧背，中国军队顽强抵抗，日军第二十一联队联队长原田宪义下令次日拂晓前集中兵力展开攻击。20 日凌晨四时三十分，日军第一大队完全占领西山，六时十五分占温州城之一角。第三大队击破营盘山北麓六百余中国守军后，于五时进至翠微山，联队长于午前十时入城[1]。

4 月 19 日黄昏至次日拂晓的城郊激战，迟滞了日军入城的时间，为城区的党政军机关、团体、学校及部分民众的紧急撤离赢得了时间。城区从下午十五时开始组织经翠微山、太平岭向西撤离，特别

[1]《滨田联队史》，第 353 页。

是翠微山下太平寺原驻有暂编三十三师师部及温州守备区指挥部，如果没有西山、营盘山、渚浦山一线的顽强抵抗，日军直捣温州驻军指挥中枢的企图将会得逞，“否则永嘉军政人员有全部被掳之危险”。[1]

20日拂晓以后，日军集中兵力，在飞机、大炮配合下，分向东、南、西三面围攻城区。第一营及自卫大队、警察大队在城内与敌展开激烈巷战。相持至十三时，我城内部队撤至瓯江北岸，温州城区沦陷。在战斗中，本来只应当承担维持治安、抓捕疑犯之责的警察成为中坚力量，且功不可没。史载：“十九日下午至二十日三时以前，城内秩序始终未乱，不得不谓为警察维持之力也。”[2]《申报》1941年4月21日以“宁波混乱　温州巷战”为小标题对战况做报道。[3]原中共温独支成员孙道济之子、时年十周岁、家住蝉街的孙牧青曾亲耳听见1941年日军入侵时城内松台山、四顾桥两处先后枪声大作，事后还听大人说那些没有来得及撤走的中国伤兵被日军用铁丝穿过锁骨，用车拉着在地上拖。[4]

这里必须指出：虽然习惯上称日军第一次侵占温州为四一九事变，但温州城区沦陷却是在四月二十日。中国《永瑞战役详报》载：20日午后十三时，（永嘉）城区被敌侵占。1941年4月29日永嘉县政府训令：“永嘉城区九镇本月二十日上午六时沦陷。”[5]日本《滨田联队史》载：20日午前十时，温州入城。[6]《广岛师团的脚步》载：“登

[1] 沈溥、胡钦甫《四一九敌寇窜扰温属永瑞平等县时各项政况调查报告》，中共温州市委党研究室编《温州市抗战时期人口伤亡和财产损失调研资料汇编》，中共党史出版社2010年8月版，上册第67页。

[2] 出处同上。

[3]《浙东华军云集绍兴日军大挫宁波遭炸死亡尚少去电询问无回复》，《申报》1941年4月21日，第七版。

[4] 孙牧青，1931年生。王长明、周保罗2017年7月8日，温州水心访谈记录。

[5]《浙江省第八区行政督察专员兼保安司令公署有关日敌压境的情况》，温州档案馆藏，档案号198-005-039。

[6]《滨田联队史》，第353页。

陆一天后，也就是二十日早晨，占领温州城。”[1] 虽然在具体时点上存在差别（当为局部侵入与完全侵占之别），但 20 日日军占领温州城这个日期却是一致的。

稍挫敌焰：惨烈的岩门山战斗

日军侵占温州城以后，继续向周边扫荡，掠夺或销毁我抗战物资，破坏我军事设施。22 日至 23 日，中日两军主力在岩门山至全岩山展开血战。《滨田联队史》载：“二十二日午后八时，第三机关枪中队一个小队报告在屿头附近孤军激战，先命令步兵一中队紧急救援、联队主力午后十一时出发。岩门山、全岩山附近拥有迫击炮、轻重机枪的敌军占领了阵地，极顽强地抵抗。联队长决定第一大队全力攻击敌右侧背，第三大队攻击敌背后，联队本部于（次日）午前三时在全岩山北部高地进出。”

在此战中，第三大队第三枪关枪中队冲岛小队的十八人被全歼。日本岛根县滨田市护国神社内的昭和十六年四月二十二日中支瓯江战斗纪念碑仍刻着这18个侵略者的名字[2]。日军回忆冲岛小队之惨状：“在那铺着席子的船里全是尸体……这个被杀现场凄惨至极，目不忍睹。每个人都像肿了一般胖鼓鼓的，宛如溺死的尸体一般，又像捅了蜂巢一样，到处都是洞。”[3]《永瑞战役详报》记述：22 日黄昏后，我暂编第三十三师第三团开始攻击，相持至 23 时，一举攻占，敌伤亡众多，狼狈溃退。夺获重机枪两挺、轻机枪一挺、手枪三支、弹药及其他军用品等甚多。日军一个机关枪小队一般配备两挺重机枪，暂编三十三师缴获这两挺重机枪应当就是日军第三机关枪中队冲岛小队所有。

[1]《广岛师团的脚步》，第 223 页。

[2] 滨田联队写真集编纂委员会编《滨田联队写真集》，1979 年 12 月，第 100 页。

[3]《广岛师团的脚步》，第 225 页。

战斗进行至次日，日军除两翼迂回外，还从瓯江北岸梅岙附近渡江，在渔渡强行登陆，进犯仰义澄沙桥。暂编三十三师三面受敌，依然奋勇抗击，其荣誉队、军士队官兵伤亡尤重。在敌飞机、大炮威胁下，阵地已呈动摇之势。坚持至十七时，塔山、凤凰山、屿头山相继陷落，不得不撤退。

此战中日军还施放了毒气弹，给暂三十三师造成重大伤亡[1]，施放毒气弹的就是前文提及的迫击第四大队。因为日军迫击队的主要任务是通过迫击炮发射毒气弹支援最前线的步兵部队，部队名称不取名“迫击炮联队”或“迫击炮大队”的理由在于迫击队并非炮兵部队，而是定位于毒气战部队，因此其成员的培养也都是在负责毒气战教育的陆军习志野学校内进行的，但到了亚洲太平洋战争末期，增设作为炮兵部队的迫击炮大队，迫击队也由炮兵接管。迫击队主要武器为九四式轻迫击炮，该炮除配置部分普通榴弹外，其主要弹药为绿弹、赤弹、黄弹、蓝弹、茶弹等，分别含有催泪性、呕吐性、糜烂性、窒息性、血液性毒剂。[2]

此战由双方最高指挥官亲自指挥。中国暂编第三十三师师长萧冀勉少将黄昏后在第三团团部指挥作战，日军则由第二十一联队联队长原田孝义大佐率联队本部在一线（全岩山北部高地）进出。暂编三十三师将其战斗力最强的第三团及师直属荣誉队、军士队投入作战，二十一联队则以第一、三两大队主力对抗。

我第三团第九连连长许振东先以一连之众与日军周旋于温州城西三昼夜，复又率部扼守岩门山，面对日军飞机、大炮掩护下的强行登陆，他奋臂一呼，英勇拼杀，一度夺回阵地，并击沉敌汽艇一艘。卒于午后二时，不幸左胸中弹为国成仁，实现其“我们报国之宿志，愿于此日偿之”的誓言。第三连少尉排长金林率部坚守岩门山以西

[1]《永瑞战役详报》，第 22 至 24 页。

[2] 参见【日】松野诚也《日本陆军迫击第五大队〈战斗详报〉所示毒气战之实态》，《抗日战争研究》2020 年第 6 期，第 7 页。

日军在海坛山上对照地图俯瞰温州城，远处为瓯江、江心屿双塔。来源：《滨田联队写真集》

之杨府山（今称洞桥山）激战两昼夜。日军第二次进犯时，弹穿其胸膈，血流被体，仍强起裹创直前，奋不顾身，士兵相与扶之，力劝其下火线，他大呼："杀！杀！此杀鬼子时也！"不久饮弹殉国。许振东（热河赤峰，今内蒙古赤峰人），金林（浙江诸暨人）牺牲时分别年仅 38 岁、23 岁。[1] 对于岩门山、全岩山与西山、营盘山诸役，《滨田联队史》中也承认中国守军"极顽强地抵抗"。毫无疑问，这些烈士英勇无惧，值得敬仰与铭记，但是英勇如果没有国家的实力与指挥官的智慧作为依托，只会徒留悲壮与无奈。

（感谢朱弘、何明敏两位先生分享史料并予以指正）

[1]《岩门两烈士》，1942 年 4 月 19 日《温州日报》，第二版，《四一九周年纪念特刊》。

豁蒙楼文史笔记

◎ 陈增杰

余好读书，阅览研探中间有所得，辄录诸别纸，以备他时之参。积以月日，渐已盈箧。今选取若干则，重理一过，注明出处，汇为一篇，名曰豁蒙楼文史笔记，刊布于兹，用示同好切磋之意。辛丑立夏，豁蒙楼主人识。

一、“江左、江右”的指称

宋李觏《戏题玉台集》：江右君臣笔力雄，一言宫体便移风。始知姬旦无才思，只把《豳》诗咏女功。

此为李觏名篇，写作者读《玉台集》（即《玉台新咏》）后的感想。诗中批评了南朝梁君臣倡行宫体艳情诗，离失风雅传统。因系“戏题”，故语多嘲讽。唯首句“江右君臣”，易致疑惑。据诗意，系指南朝梁简文帝（萧纲）和词臣徐摛、徐陵（后入陈为臣）、庾肩吾等。简文帝君臣常在宫廷中作诗唱和，内容多写男女私情和宫廷享乐生活，诗格轻靡浮艳，时号“宫体”（见《梁书 · 简文帝纪》）。按通常用法，当曰“江左”，为何言之“江右”？是不是作者写错了抑或传刻中“左”“右”形近致讹？需要搞个清楚。

长江在芜湖至南京一段，作西南往东北流向，古代习惯上称江东南岸地区为江东，亦称江左。东晋及南朝宋、齐、梁、陈政治中心在江东，皆建都建康，所以称为江左。如《晋书 · 温峤传》：“于时江左草创，纲维未举，峤殊以为忧。及见王导共谈，欢然曰：‘江左自有管夷吾，吾复何虑！’”《南史 · 谢灵运传》：“灵运少好学，博览群书，文章之美，与颜延之为江左第一。”苏轼《和陶饮酒二十首》之三：“江左风流人，醉中亦求名。”而江右，习惯上是指长江下游西北岸地区，即江西；东晋以后，用来指称西晋和北朝魏、齐、周统治的区域，与“江左”相对而言。如《宋书·百官志下》：“武帝初，分中卫置左右卫将军，以羊琇为左卫，赵序为右卫，二卫江右有长史、司马、功曹、主簿，江左无长史。”《南史·王琳传》：“琳经莅寿阳，颇存遗爱，曾游江右，非无旧德。”

这样来看，李诗的“江右”，用得确实有些特别，与通常所称相左。从版本考察，经检四部丛刊初编影本《直讲李先生文集》卷三六、四库全书本《盱江集》、涵芬楼本《宋诗钞·盱江集钞》及中华书局校点本《李觏集》均作“江右”，不存在异文，说明没有差错。则此“江右”，应当说别自有据，须行查考。

唐丘光庭《兼明书》卷五《杂说·江左》:“晋、宋、齐、梁之书，皆谓江东为江左，明曰:此据大约而言，细而论之，左当为右。何以明之？按水之左右随流所向而言之，水南流则左在东而右在西，水东流则左在北而右在南，水北流则左在西而右在东……按建业之西，江水北流，则当左在西而右在东。今以江东为江左，则是史官失其义也;若非史官失其义，则后人之传写误也。”[1]这是说，自长江北岸视之，江东在左，江西在右，故江左指江东，江右指江西；但若自长江南岸视之，则江东在右，江西在左，故江右指江东，江左指江西。元张铉《至正金陵新志》卷十五《论辨·辨考》所说稍异:“江南古称江左，亦称江右。案吴澥《宇内辨》云:金陵居长江下流，据金陵而言，则江南居左，四渎之流皆自西来，天下之形势亦然；以中原而言，则江南之地居右，故前史两称之。”但有一点认识是相同的，由于所处地理位置和视角的不同，“江左”或“江右”都可以用来指称江东（南）地区。李觏诗的“江右”正是取用后一指义，指长江下游东南岸地区，用来指称东晋及南朝。这一用法虽较为少见，然而既存实例，就应当给予保留。

《汉语大词典》【江右】条收义二:①江西。指长江下游以西的地区。②东晋以后，称西晋和北朝魏、齐、周统治下的地区为江右，与“江左”相对而言。今按:据上述，应当补收义③:江东。指长江下游东南岸地区，指称东晋及南朝。引唐丘光庭《兼明书·杂说·江

[1] 丘光庭《兼明书》，四库全书本；涵芬楼本《说郛》卷八引同，上古说郛三种影本，第1册第172页上。

左》、元张铉《至正金陵新志·论辨·辨考》（“江南古称江左，亦称江右。”）、宋李觏《戏题玉台集》诗。

二、关于“苏黄米蔡”

宋代书家，例以“苏黄米蔡”举称。清冯武《书法正传》卷八《书家品藻·虞伯生书评》:“欧阳、颜、柳、旭、素以至苏、黄、米、蔡，各用古法损益，自成一家。”蔡谓谁？比较通行的说法以蔡指蔡襄，如明郁逢庆编《续书画题跋记》卷三《蔡君谟十帖真迹》:“在宋号善书者，苏黄米蔡为首。俗评以君谟居三公之末，殊不知君谟用笔有前代意，优劣自可判也。己未四月陈文东拜观。”虞云国主编《宋代文化史大辞典》【苏黄米蔡】条云:“宋代书法家苏轼、黄庭坚、米芾、蔡襄的合称。”[1]或者以蔡襄、蔡京两说并存莫辨，如曾枣庄、吴洪泽《宋代文学编年史》第二卷，苏轼下云:“书法名列宋代四大书法家‘苏黄米蔡（一说蔡襄，一说蔡京）’之首。”[2]

今谓“苏黄米蔡”蔡指蔡京（1047—1126），而非蔡襄（1012—1067）。蔡襄字君谟，长苏轼（1037—1101）二十五岁、黄庭坚（1045—1105）三十三岁、米芾（1051—1107）三十九岁，将其序列苏黄米后，那是颠乱年辈，本末倒置，殊不合事理。其次，蔡襄的书法造诣极高，宋佚名《宣和书谱》卷六《蔡襄》称:“至于科斗篆籀、正隶飞白、行草章草颠草，靡不臻妙。而尤长于行，在前辈中自有一种风味，笔甚劲而姿媚有余……自珍其书，以谓有翔龙舞凤之势，识者不以为过，而复推为本朝第一也。”宋晁公武《郡斋读书志》卷十九《蔡君谟集》:“工书，为本朝第一。”《宋史·蔡襄传》:“襄工于书，为当时第一。”所以，无论从年资或成就讲都不当排列末位。因之有很多人对这样的排名甚表不满，如明王直《抑菴文后集》卷

[1] 虞云国主编《宋代文化史大辞典》，汉语大词典出版社 2006 年版，上册第 431 页。

[2] 曾枣庄、吴洪泽《宋代文学编年史》，凤凰出版社 2010 年版，第二册第 1058 页。

三六《题庞生所藏山谷书后》云:“宋书称苏黄米蔡，然前辈君子乃谓蔡书犹有前代意，至坡、谷遂风靡，魏晋之法殆尽;米氏父子书盛行，举世学其奇怪，流弊至于即之极矣。”及前引陈文东题跋。

其实，苏黄米蔡之称，蔡本来指的就是蔡京。其语首见宋陈鹄《耆旧续闻》卷三:“本朝承五季之后，无复字画可称。至太宗皇帝，始搜罗法书，备尽求访。当时以李建中字形瘦健，姑得时誉，犹恨绝无秀异。至熙丰以后，蔡襄、李时雍，体制方入格律，不为绝赏。苏黄米蔡，笔势澜翻，各有趋向，前此诸人，直与草木俱腐者矣。”陈鹄盖南宋中期人，《四库全书总目》提要谓“开禧以后人也”。开禧(1205—1207)为宁宗年号。宁宗嘉定八年(1215)曾任滁州教授。这里,作者概论本朝书法演进,于“熙(宁)(元)丰以后”例举蔡襄、李时雍，继及“苏黄米蔡”，这个“蔡”绝然不是指前头已经举说排在李时雍之前的蔡襄，而是指蔡京，这是明白无疑的。

蔡京殿苏黄米后，不唯资辈适合，且就书法而言，也是可以相配的。《宣和书谱》卷十二《蔡京》谓其“深得羲之笔意,自名一家，其字严而不拘，逸而不外规矩”。正书、行书皆为当时所重。明陶宗仪《书史会要》卷六《蔡京》亦云:“襄书为本朝第一，而京可与方驾。”《水浒传》第三十九回更是非常清楚地写着:“如今天下盛行四家字体，是苏东坡、黄鲁直、米元章、蔡京四家字体。苏黄米蔡，宋朝‘四绝’。”[1]《水浒传》虽为小说，却是如实反映了北宋末期时人的评论，毋庸置疑。

后人之所以将蔡京换成蔡襄，乃是因为蔡京大奸大恶，面目可憎，人们不欲将其与苏黄米诸贤达同列并称，故为斥换。正如明张丑《清河书画舫》卷七上《蔡襄》所说:“宋人书例称苏黄米蔡者，谓京也。后世恶其为人，乃斥去之，而进君谟书焉。君谟在苏黄前，不应列元章后，其为京无疑矣。京笔法姿媚，非君谟可比也。”

故而，应将旧称“苏黄米蔡”，易以“蔡苏黄米”，这样更符合

[1]《水浒全传》，上海人民出版社1975年版，上册第490页。

实际情况。蔡襄、苏轼、黄庭坚、米芾四家，才真正是宋代书法的杰出代表。明宋濂《宋蔡苏黄米四大家合卷跋》云："余垂髫时即喜事翰墨，年来所藏前代名迹颇富，若宋之四大家，则未之有也。搜罗廿年，得汇此册，诚为宇内第一大观。昔赵子固云：'性命可轻，至宝是保。'余于此帖亦云。金华宋濂。"明汪砢玉《珊瑚网》卷二二记《相城沈启南家藏》"《蔡苏黄米真迹》一卷"。蔡苏黄米之称，于古亦为有据。元许有壬《至正集》卷七二《跋张子湖寄马会叔侍郎三帖》云："李建中后，蔡苏黄米皆名家。"明吴宽《家藏集》卷四九《题宋四家书》曰："朱文公论当时名书，独推君谟书有典刑；而谓黄米出，有欹倾狂怪之势。故世俗甲乙曰苏黄米蔡者，非公论也。沈启南得此四家书列之，深合文公之意，定曰蔡苏黄米。"明安世凤《墨林快事》称宋丰稷《书慈溪永明寺殿记》书帖："蔡苏黄米之美，无不挹取，而不用其一笔。"[1] 明盛时泰《苍润轩碑跋》："宋世书称蔡苏黄米。"[2] 清倪涛《六艺之一录》卷三〇三《古今书论·倪苏门书法论》："我明以邢子愿、黄辉、米仲诏、董玄宰为四大家，配唐之欧虞褚薛，宋之蔡苏黄米。"皆可证。

三、文周翰和周文翰

郭绍虞辑《宋诗话辑佚》上册《王直方诗话 · 周文翰》："东坡见文周翰诗，云：不易吟得到个田地，此诗可作两用。"(《类说》本）校："叶德辉绛云楼旧抄本作周文翰，四库本作文周翰，案《张右史集》二十四有《文周翰惠酒以诗谢之》，而同书三十一又有《题周文翰郭熙山水二首》，不知究以何者为是。"[3]

[1] 清康熙间编《佩文斋书画谱》卷三四《书家传十三 · 丰稷》引。

[2] 清倪涛《六艺之一录》卷九四《石刻文字七十 · 宋刻三 · 鲁公碑阴记》引，文渊阁四库全书本。

[3] 郭绍虞辑《宋诗话辑佚》，中华书局 1980 年版，上册第 10 页。

今按：四库全书本宋曾慥《类说》卷五七引《王直方诗话》题作《文周翰诗》，是；《宋诗话辑佚》校引“绛云楼旧抄本作周文翰”，误。

考之张耒诗集，《张右史文集》卷三一《题周文翰郭熙山水二首》，从版本看，四部丛刊初编本作此，文渊阁四库全书本《柯山集》卷二三、《宋诗钞·宛丘诗钞》并同，但都是错的，其“周文翰”实为文周翰之误。依据有四。

文及甫，字周翰，文彦博（潞公）子。宋岳珂《宝真斋法书赞》卷十八《宋名人真迹·文周翰盛暑帖》按：“右绍圣集贤殿修撰文公及甫字周翰《盛暑帖》真迹一卷。”宋庞元英《文昌杂录》卷一：“六月，敕吏部增员外郎一员，除文及甫，潞公之子也。”宋朱彧《萍洲可谈》卷三：“文及甫，潞公子也，二十八岁以直龙图阁知陕州。”

文周翰仕职为官，与范祖禹、李之仪、毕仲游等均有往还。范有《送文周翰出守陕郊》（《范太史集》卷三）诗，李《与王乐道工部书》云“文周翰暂相从，必甚款”（《姑溪居士后集》卷十六）。

文周翰与张耒交往甚密，频有唱酬。如郭校所引，《张右史集》卷二四有《文周翰惠酒以诗谢之》诗，别本《柯山集》卷十七载同，题目都是对的，这有作者自注为证：“时周翰自汉阳移陕与师是为代，予亦自复移倅齐安。”张又有《文周翰邀至王才元园饮》（宋邵浩编《坡门酬唱集》卷二二）诗。王才元即王棫（字才元），《王直方诗话》的著者直方之父（见《宋诗纪事》卷三十王崇《送王才元入京》曰璐按）。宋胡仔《苕溪渔隐丛话前集》卷五一引《王直方诗话》：“文潜先与周翰、公择辈来饮余家，作长句，后数十日，再同东坡来。”周翰，即文周翰；公择，即李常（字公择），均诗友。

张《题文周翰郭熙山水二首》，谓题文周翰所藏郭熙山水画幅。此二首七绝，亦收在他的同门友晁补之《鸡肋集》卷二十，题作《题工部文侍郎周翰郭熙〈平远〉二首》（文字略同），此可旁证张诗系作文周翰，而非周文翰。又据晁集所载，为次韵苏轼《郭熙〈秋山平远〉二首》作；毕仲游亦有《和子瞻题文周翰郭熙〈平远图〉二首》（《西台集》卷二十），则苏诗亦系题文周翰藏郭熙图而赋，益证。

至于周文翰，别是一人。宋傅察《忠肃集》有《代周文翰贺河清表》等文。傅察（1089—1125），宣和七年（1125）使金，不屈死。

周文翰与傅察同时，其年辈较晚，后于苏轼、张耒诸人，他们之间不可能存在交游。《张右史集》《柯山集》及《宋诗钞》误作“周文翰”，应须校正。

四、“豆田深处草虫鸣”诗的作者

刘克庄编选《分门纂类唐宋时贤千家诗选》卷六李膺《晓》诗：“露侵短褐晓寒轻，星斗阑干野外明。寂寞小桥和梦过，豆田深处草虫鸣。”[考证]本篇楝亭本漏署名,《全宋诗》误入卷八七魏野卷。又见《全宋诗》卷一七五八陈与义名下，题作《早行》，出《简斋外集》。[1]

按:《分门纂类唐宋时贤千家诗选》卷六所录《晓》诗作者李膺，当是李元膺之脱误。元韦居安《梅涧诗话》卷上:“李元膺《秋晚早行》诗云:露侵驼褐晓寒轻,星斗阑干野外明。寂寞小桥和梦过,豆田深处草虫鸣。”[2]首句短作驼外,余皆同。通行的清楝亭本《后村千家诗》此篇作者阙署，因前一首署名魏仲先，观览者遂以为此首亦当属魏诗,这是未经查证的想当然之武断,殊不足训;《全宋诗》卷八七却据以编入魏野（仲先）名下，沿袭了如是轻率的错误。钱钟书《宋诗纪事补正》卷十魏野、卷三五李元膺名下两引之[3]，虽指出“重见”，而未作审辨。

李元膺,东平（今属山东）人。李察子。哲宗绍圣二年（1095）为友人李孝美（伯扬）《墨谱法式》撰序。登绍圣四年（1097）进士第，曾任南京（宋州，今河南商丘）教官。因讥讽蔡京，卒不得召用，不久去世。元膺工诗词，与吴泳有唱和，吴有《惜春和李元

[1] 李更、陈新《分门纂类唐宋时贤千家诗选校证》，人民文学出版社2002年版，上册第123页。

[2] 韦居安《梅涧诗话》，见《历代诗话续编》，中华书局1983年版，中册第540页。

[3] 钱钟书《宋诗纪事补正》，辽宁人民出版社、辽海出版社2003年版，分见第二册第682页、第五册第2632页。

膺<洞仙歌>》词（《鹤林集》卷四十）。宋惠洪《冷斋夜话》卷三记其《茶瓶儿·悼亡》词；宋张邦基《墨庄漫录》卷五记其效沈约、王全玉宫体作《十忆》诗，称“情致殊妍丽，自非风流才思者不能作也”。

《分门纂类唐宋时贤千家诗选校证》系据日本斯道文库藏元刊本校录，虽亦存瑕疵（如署名李膺），但毕竟提供了重要的校订参证资料，有助解决疑问。唯校证本［考证］栏失引《梅涧诗话》以订原书之脱误，是为欠缺，须行校补。至陈与义《简斋外集》亦收录此诗，题《早行》（二句野作分，四句豆作稻、草作野，余同），有误编的可能，姑两存以俟再考。

五、足本《娱书堂诗话》

赵与虤，字威伯，宋太祖十世孙。《四库全书总目》卷一九五提要言：“书中多称陆游、杨万里、楼钥晚年之作，又称宗人紫芝，是宁宗以后人矣。”所著《娱书堂诗话》，《诗人玉屑》引称《赵威伯诗余话》，或简称《余话》。郭绍虞《宋诗话考》上卷云：“是书卷数，《说郛》本云十卷，但仅录六则，则一卷耳。《也是园书目》《述古堂书目》及《读书敏求记》均作四卷，《四库总目》及《澹生堂》《千顷堂》《结一庐》诸目又均作一卷。今四卷本未见，不知果出分合之异，抑由完缺之故也。”[1] 今通行者为丁福保据清顾修《读画斋丛书》本辑入《历代诗话续编》，分上下二卷，共69则。吴文治主编《宋诗话全编》第七册《赵与虤诗话》[2]，系据中华书局1983年版《历代诗话续编》本《娱书堂诗话》编录。

但这个流传的二卷本《娱书堂诗话》并非足本，郭氏《宋诗话考》已指出，《说郛》抄录的六则中有两则为此本所未收，《诗人玉屑》《诗

[1] 郭绍虞《宋诗话考》，中华书局1979年版，第101页。

[2] 吴文治主编《宋诗话全编》第七册《赵与虤诗话》，江苏古籍出版社1998年版。

林广记》所引《余话》亦多有今传本所无者。笔者最近从事《宋元温州诗略》工作，选录王自中《迓杨诚斋》“江东使者行部归”一诗，见为文渊阁《四库全书》本《娱书堂诗话》引述，而《历代诗话续编》本无收。进而将这两个版本的《娱书堂诗话》逐条对校，发现《四库全书 · 集部九 · 诗文评类》编录者其内容要比通行的二卷本丰富得多，很多条目为“历续”本所失收。四库本不分卷，共收录139则，其中前69则同“历续”本（条目序次亦同），后70则为历续本所无。前举《说郛》抄录而历续本无收的“宗人紫芝赠李道士云”“白乐天诗云”两则，也在这70则中。

赵与虤的《娱书堂诗话》是南宋中后期的一部重要诗话，《四库全书》编录的乃其足本，也就是《也是园书目》等著录的四卷本（139则适可分为四卷）。目今研究者采用参考的多为《历代诗话续编》收录的残缺的二卷本，而于其足本尚未注意及之，亟有予以申明介绍之必要。

兹据《也是园书目》等的著录分全书为四卷，以“历续”本所收卷上为卷一、卷下为卷二，将“历续”本失收而见诸四库本的后70则厘为卷三（“元城刘忠定公”以下30则）、卷四（“张文潜读中兴颂”以下35则），校录如下，以供研究者参考（本文从略）。

六、“戴仔字守镛”之误

戴仔（约1195—？），字元子[1]，永嘉菰田人[2]。戴蒙长子，戴侗兄。守志笃学，博通经传。理宗淳祐元年（1241）赵汝腾知温州

[1] 曾唯《东瓯诗存》卷四《戴仔》小传，乾隆五十五年曾氏家刻本。

[2] 弘治《温州府志》卷十《戴蒙传》：“其先家闽，避乱徙仙居，又析籍合溪，遂为永嘉人。”上海社会科学院出版社2006年版，第246页。光绪《永嘉县志》卷十三《戴蒙》：“居楠溪菰田。”中华书局2010年版，中册第594页。

时，誉其“才英而学甚正”[1]。景定元年（1260）郡守季儦举荐为孝廉[2]，称其“天分素高，年近四十即弃去场屋，大肆其力于学。密察于义理之精，考质于古今之载，《诗》《书》《易》《周礼》《四书》，下逮史传，皆有传述，迄未尝一出以自炫。安贫委顺，颓如也”。[3]。戴仔撰述甚富，然所著《诗书易周礼四书传》及《开治堂集》七十二卷（万历《温州府志》卷十七、雍正《浙江通志》卷二四八著录）等，皆佚。《东瓯诗存》卷四存诗三首。

或以为戴仔字守镛，实误。其始作俑者，为明凌迪知《万姓统谱》卷九九《戴仔》：“字守镛，蒙子。尝以孝廉荐。”[4]其后，雍正《浙江通志》卷二四一《经籍一 · 经部上 · 易传》亦云：“《经义考》：戴仔撰。《姓谱》：仔字守镛，永嘉人。”[5]杰按：《姓谱》指《东嘉姓谱》。继之，孙衣言《瓯海轶闻》卷十七《戴县尉蒙 · 养伯家学》：“戴仔，字守镛，蒙子。尝以孝廉荐。”[6]孙诒让《温州经籍志》卷一戴氏仔《易传》引《万姓统谱》九十九：“戴仔字守镛，蒙子。”[7]又卷九戴氏仔《家传》案：“戴守镛《家传》。”[8]又卷三六《辨误 · 戴仔 < 非国语辨 >》案：“戴守镛《非国语辨》。”[9]光绪《永嘉县志》卷十三《人

[1] 赵汝腾《庸斋集》卷二《送陈善世》诗之三“归路瑞安逢二戴”自注：“戴纲、戴仔，才英而学甚正。”文渊阁四库全书本。

[2] 嘉靖《永嘉县志》卷六《选举志 · 诸科 · 宋》：“孝廉：戴仔，蒙子。”中国文史出版社 2012 年版，第 115 页。

[3] 弘治《温州府志》卷十《戴蒙传》附，上海社会科学院出版社 2006 年版，第 247 页。

[4] 凌迪知《万姓统谱》卷九九，文渊阁四库全书本。

[5] 雍正《浙江通志》卷二四一，商务印书馆 1934 年景印光绪二十五年重刻本，第四册第 4109 页上栏。

[6] 孙衣言《瓯海轶闻》卷十七引《万姓统谱》九十九，上海社会科学院出版社 2005 年版，上册第 520 页。

[7] 孙诒让《温州经籍志》卷一，上海社会科学院出版社 2005 年版，上册第 20 页。

[8] 孙诒让《温州经籍志》卷一，上海社会科学院出版社 2005 年版，上册第 308 页。

[9] 孙诒让《温州经籍志》卷一，上海社会科学院出版社 2005 年版，下册第 1690 页。

物志一·戴蒙》:“子仔，字守镛，尝以孝廉荐。”[1]皆沿承为说，莫有疑辨；孙氏父子以考据精审名，影响尤大。

今按：弘治《温州府志》卷十《人物一理学·戴蒙》:“长子仔，季守镛常以孝廉荐。”[2]言(温州)州守季镛，尝(常)以孝廉举荐戴仔。季守镛，谓季太守镛，与上文“杨守简敬之，荐于朝”（言州守杨简敬重戴蒙，推荐于朝），是同样句法。季镛，字伯绍，理宗景定元年（1260）任温州知州。宋张淏《会稽续志》卷二《安抚题名》:“季镛，以朝散郎知温州。”弘治《温州府志》卷八《宦职·守·宋》:“季镛，景定元年。”[3]均可证。

弘治《温州府志》成书于弘治十六年（1503），早《万姓统谱》至少五六十年（凌迪知嘉靖三十五年，即1556年登进士）。《万姓统谱》纂者撮录弘治《温州府志》时，因为粗心，误解了“季守镛”三字并且任意做了篡改，丢掉其姓氏“季”字，想当然地改成“字守镛”。随后遂以讹传讹，谬种流传，雍正《浙江通志》引录的《东嘉姓谱》已沿其误；《瓯海轶闻》《温州经籍志》过录《万姓统谱》亦均未做辨订，《经籍志》且直呼为“戴守镛”；光绪《永嘉县志》复相承袭，至于现今。2013年，予纂《宋元温州诗略》撰戴仔小传时，查证中始而发现其谬，因做订正。

七、叶采非温州人

光绪《永嘉县志》卷三四《艺文志十诗内编·宋》收录叶采《书事》诗:“双双瓦雀行书案，点点杨花入砚池。闲坐小窗读《周易》，不知春去已多时。”[4]诗写得不错，《东瓯诗存》原编不收，校

[1] 光绪《永嘉县志》卷十三，中华书局2010年版，中册第594页。

[2] 弘治《温州府志》卷十，上海社会科学院出版社2006年版，第247页。

[3] 弘治《温州府志》卷八，上海社会科学院出版社2006年版，第143页。

[4] 光绪《永嘉县志》，中华书局2010年版，下册第1545页。

补本卷七予增录，小传云:“叶采，字仲圭，号平岩，永嘉人。味道子。理宗淳祐元年（1241）进士。历邵武尉（《闽中理学渊源考》卷二五）、景献府教授、秘书监、枢密院检讨，累官翰林学士兼侍讲。景定初卒。嘉靖《建阳县志》卷一二有传。”[1] 按:此诗《全宋诗》卷三三三八叶采名下辑录，据自金履祥《濂洛风雅》卷五，小传云“建阳（今属福建）人”[2]；《东瓯诗存》校补改为“永嘉人”，无据且错误。

清厉鹗《宋诗纪事》卷四九《叶采》:“采字仲圭，号平岩。”自《濂洛风雅》录《书事》诗一首，不著里贯。今检弘治《温州府志》卷十三《科第·宋》“淳祐辛丑（元年，1241）徐俨夫榜”，并无“叶采”名。雍正《浙江通志》卷一二九《选举七宋进士·咸淳十年甲戌(1274)王龙泽榜》所录:“叶采，丽水人。”其登第年及里贯都不同，是另一人。

今谓:《书事》诗作者、登理宗淳祐元年（1241）进士的叶采，系福建邵武人，与永嘉（温州）无涉。明凌迪知《万姓统谱》卷一二四:“叶采，字仲圭，邵武人。”乾隆《福建通志》卷五一《文苑·邵武府宋》:“叶采，字仲圭，邵武人。初从蔡渊受《易》，已而往见陈淳，以其好躐高妙而少循序，痛砭之。自是屏敛锋铓，骎趋着实。开庆初，为秘书监，尝论郡守贪刻之害。理宗熹纳之。”清李清馥《闽中理学渊源考》卷二五《建阳蔡氏家世学派考·侍讲叶仲圭先生采》记载稍详:“叶采，字仲圭，初从蔡节斋受《易》学，又尝从李果斋、陈安卿游。……淳祐元年登进士第，授邵武尉，历景献府教授，迁秘书监。论郡守贪刻，迁枢密检讨，知邵武军。……所著《近思录》，尝以进呈，理宗称善。”（《闽书·道南源委》）诸书记载，详确可据。

结语:叶采非温州人，光绪《永嘉县志·艺文志十》列入“诗内编”，

[1]《东瓯诗存》，曾唯原编，张如元、吴佐仁校补，上海社会科学院出版社 2006 年版，上册第 298-299 页。

[2]《全宋诗》，北京大学出版社 1998 年版，第 63 册第 39857 页。

误。《东瓯诗存》校补本不当增录入编，应删。

附记：此则写就，读到潘猛补《叶采非叶味道之子》文[1]，引宋真德秀《叶安仁墓志铭》，记其知泉州府时僚属“昭武李公晦（名方子）、建安叶子是（名湜）”殁后，“子是之仲子……为其父求铭”。后文记叶湜（子是）四子：“果、采、卣、椝。”“采，乡贡进士，即前所谓婿李氏者，从公晦（李方子）学，得其指归，方进而未已也。”（《真文忠公文集》卷四四）叶湜，福建建安人；叶采为其仲子，与叶味道无涉。潘文又引福建方彦寿《平岩叶氏与〈溪山叶氏宗谱〉辨伪》文，言《建阳溪山叶氏宗谱》以叶适为叶味道父，叶采为叶味道长子，穿凿附会殊甚，殆为错误之源。明嘉靖《建阳县志》卷十二《叶贺孙传》（味道名贺孙）及《叶采传》承之而误。

今按：方、潘两文所说甚是。清孙衣言《瓯海轶闻》卷十七《叶文修公味道》下，立《西山家学·叶仲圭（叶采）侨居建宁》目，视叶采为传承叶味道“家学”者，援《宋元学案·木众学案》王梓材曰：“《道南源委》《儒林宗派》皆以为先生（指叶采）为文修（叶味道）子。”亦误也。

八、“秦羽终惭头有帻”出典

元李孝光《五峰集》卷七《为陈师复赋白发之什》：“秦羽终惭头有帻，冯唐未负老为郎。”

秦羽谓谁，句出何典？2005年予作《李孝光集校注》（编入卷九）时，寻检多时而未得其解，暂付阙如。2016年出版《李孝光集校注》增订本（编入卷九），仍复阙注。2018年编选《宋人千首绝句》，查阅中偶见《世说新语》刘孝标注，始恍然悟，因予补注。正是：踏破铁鞋无觅处，得来全不费功夫。特予记之。

[1] 见载《温州读书报》2013年第9期，第四版。

秦羽，指秦子羽。晋张敏有《头责子羽》文，言同侪温颙等六人，“攀龙附凤，并登天府”；“而此贤（秦子羽）身处陋巷，屡沽而无善价，亢志自若，终不衰堕，为之慨然。”“故因秦生容貌之盛，为头责之文以戏之，并以嘲六子焉。”[1] 见《世说新语·排调》“头责秦子羽云”刘孝标注引《张敏集》。李诗系用此典。帻，应作“责”。头有责，指头的责备之意。其言自己惭愧碌碌无为，像秦子羽那样受到自家头的责难。

2021 年 5 月 9 日改定，10 月 2 日再改

[1] 余嘉锡《世说新语笺疏》，中华书局 1983 年版，第 782 页。

狮城旧迹：黄式苏原藏《东溪送别图》中的人事与风物

◎ 傅惠羚

黄式苏（1874—1948），字仲荃，号胥庵，晚年改名迂，别号迂仲，浙江乐清人，十七岁以诗文联语著称，宣统元年被举为浙江咨议局议员，后在温处学务处助理学务，不久调任温州师范学堂监督，民国元年任长林场盐市长，1913 年至 1922 年间，历任浙江遂安、福建泰宁、宁德等县知事。

在黄式苏的旧藏中，有一幅《东溪送别图》长卷，高三十八厘米，长六米，纸本水墨，用宣纸横裁接合。整个画面由山石、树木、亭台楼阁组合，内容是一座城池及其周围区域。右侧起首处是一片陂陀，连着连绵的山丘，往左有一座高塔，高耸于山坡之上，其近旁是一座庙宇，掩藏于林木之中，露出了重檐歇山顶的楼宇。一条平缓小路时隐时现在树石间。顺着小路往左，树林中有一座牌坊，露出上半部，其左侧，依稀可见两栋楼宇。中景处的林木更茂盛了，上方是绵延的高山。略左是一座城，城内重叠的屋舍被城墙包围着，一条小河绕城而过，岸边生长着几丛杂树。末尾处，有一座长桥横架在河上，其左侧的山坡树木间，也有几间屋舍。画中有三个人物，中间偏右的河面上有一条小舟，一人坐在其中，艄公正在撑篙，另外城门入口附近，有一人正朝着城里走去。

全图以淡墨勾勒，未施色彩，水墨晕章，笔墨婉丽，气韵高清。山石轮廓不做突出的主干线条，不做刚健方折的笔，多披麻雨点皴法，笔法圆曲柔美；用墨清润淡雅，极少用浓重的墨，用水把墨破成浓淡不同的层次，用以渲染，染出凹凸、高下的山石形状；山多呈平远态势，山下多碎石或平沙浅渚。整个画面表现出一种淡墨青岚，温雅柔润，平淡天真，缥缈轻逸的气息。

《东溪送别图》除了画作本身具有丰富的笔墨意趣，另一个特别之处在于画心留白及拖尾处的大量题跋，分别出自黄起凤（次公）邵瑞彭、黄迂、复戡（朱鹏）、诸宗元、于君彦、吴曾祺、高向瀛、杨廷璋、陈衍、何庆辅、李洣、林之夏、陈三立等十四人之手。通过对这些题跋的解读，不仅可以获悉作品的创作背景，而且对所涉人物、事件以及图中描绘的山川风物也可一一解答。

黄式苏像

《东溪送别图》起首处有作者黄晓汀的一段长跋，除了七绝四首，还对画作的缘起有所交代，他写道：

东溪送别者，黄子胥庵别其故人朱君复戡所作也，二子故胶漆友，及黄子为遂安宰，仍复与偕至，是朱君于役瀫水，黄子送之溪上，效昔人帐饮故事，各赋往体以纪，适予来游遂安，属为斯图，图凡二幅，合之如符契，一藏黄子而归，其一于朱君，爰识崖略，并系以诗。唱小秦王阁玉卮，销魂无奈出门时。溪山不是多情物，肯为诗人管别离。诗料重阳乍雨晴，水流如泪不闻声。微云衰草描都易，只有相思画不成。武强溪水接兰溪，寸寸羁魂路不迷。五百重滩万重梦，披图犹自怨分携。客子飘零损旧颜，相逢况在别离间。长官难得清如许，只合归舟载乱山。甲寅初冬，剑气横秋庐主人豫章小亭黄起凤并记。

黄起凤（1889—1939），字晓汀，晚号鹤床，江西上饶人，近代画家。作为民国普通画家，黄晓汀及其艺术很少引起研究者的关注。近年来，潘旭辉先生的《文人画家黄起凤》及其与张婷女士合撰的《黄起凤书画艺术刍议》，吕作用先生的《黄晓汀的沪上行踪》及其与贺炜炜先生合撰的《黄起凤生平及艺术活动略探》等数篇文章，基本廓清了黄晓汀的生平经历，但其具体史迹尚待进一步细化，《东溪送别图》跋语的内容对此也有所助益。

跋语落款处署“甲寅初冬”，可知作于1914年，此时黄晓汀二十五岁。根据《黄起凤生平及艺术活动略探》一文，此时黄晓汀正在桐庐一带，此时“适来游遂安”。从其所署名号可见，黄晓汀早年的字号与寓沪后均有所区别。寓沪后的字多写“晓汀”，而此

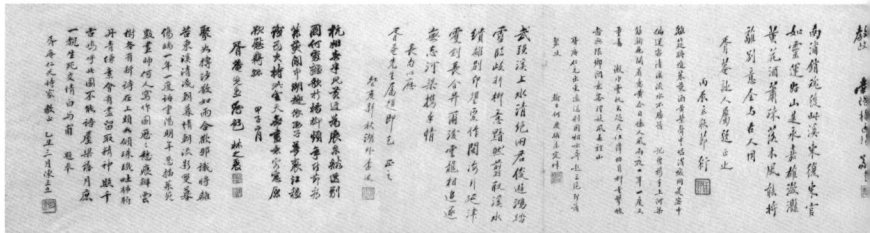

时则署“小亭”。斋号也不一样，此时号“剑气横秋庐”，而寓沪后号“芝兰室”。关于作品的创作缘起，作者说得比较清楚，是应黄胥庵为了给友人朱复戡送别之嘱，特为之创作的。

朱鹏（1874—1933），字味温，一字复戡，号诗馋，浙江乐清人。曾任乐清劝学所所长，民国后历任温州军政分府咨议、乐清教育科长、《浙事新闻报》主笔等职。朱鹏毕生致力于教育事业，弟子遍布浙南，并培养出朱铎民、南怀瑾等一代名家。

黄式苏与朱鹏是发小，黄式苏在《朱君复戡行述》中概括两人的关系：“少时久同砚席，长而共携幞被，相见渐疏，然书问往来，旬日无间。”但从1902年壬寅乡试起至1922年黄式苏卸任宁德县知事的二十年间，两人一直共事，朱鹏作为助手协助黄式苏的工作。黄式苏写道：

壬寅乡试，予幸登贤书，君为予喜，且自忘被黜。同舟自沪归，既抵里，急登堂谒我母，称贺而去。予再上春官不第，戊申将应云南提学使叶公尔恺之招，佐治学务，道阻且修，踌躇未决，君闻之，攘臂愿与偕行。即日治装，浮海而南，舟抵安南海防，闻蒙自兵警，道梗折回。既而予任温州师范学校监督，延君主国文讲席。君口讲指画，涕唾横飞，或曼声高诵，手足舞蹈，见者窃笑之，而诸生心悦诚服，翕然无间，数载之间，造就甚宏。辛亥八月，武汉

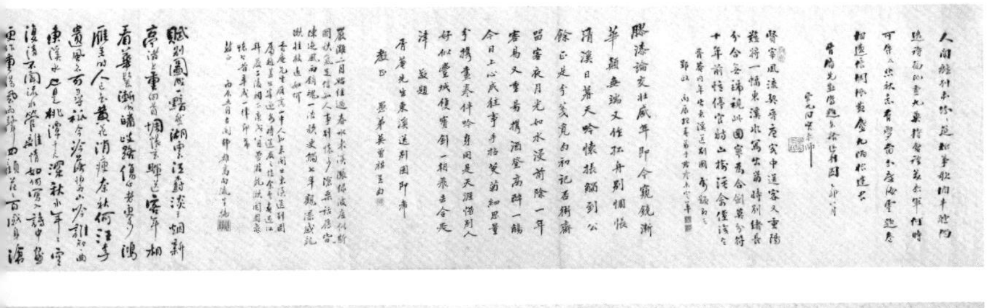

《东溪送别图》拖尾跋语

《东溪送别图》

兵起，清命以讫，予与君同辞去校职。旋予奉省檄，权遂安县知事，邀君往襄，屈为教育科科长。遂邑风气初开，学校尚多草创，君从容擘画，规制始备，筚缕之功，微君曷赖？未几，予以令甲改发福建，奉绾泰宁县篆，复电招君出，溯舟西上，逾月招至，兼以民政属之。泰宁居万山之中，风俗淳厚，君赞予表章忠义，遂有重修明画网巾先生墓及改建李忠定祠堂之举。事未竟，而予调任宁德，偕君东下。初入宁境，盗匪充斥，距城十余里即为盗踞，城中一夕数惊，危如累卵。君星夜航海走三都乞师，翌日以师至，人心渐定。当斯时也，羽书旁午，一饭数吐哺，君挥毫削牍，邮骑交驰，一指挥稍定，而他乡又以警闻，君固寝食俱废，而予亦须鬓为白矣。洎乎四境敉宁，簿书多暇，君日与邑人士以诗相倡和，使予得免陨越，尸位至四载之久者，非夫人之力而谁哉？（《乐清文史资料》第五辑，中国人民政治协商会议乐清县委员会文史资料研究委员会编，1987年10月，第33页）

由此可知，黄式苏与朱鹏的关系非同一般。1913年黄式苏被任命为遂安县知事，并于翌年1月13日到任。此后，他便邀请朱鹏到遂安协助，委以教育科科长一职。因此，所谓的“东溪送别”，似乎不像传统送别图中的常出现的，被送者或赴考、或升迁、或被贬之类的，甚至也不是久未晤面的友人短暂相聚后的离别，而只是暂时离开到别处去办事。之所以要把一次普通的送别搞得这么隆重，可能跟离别的日子有关系，因为那一天刚好是重阳节。黄式苏跋语中有“甲寅重九，复戡有兰溪之行，予送之东溪”句。重阳节素有登高祈福、秋游赏菊、配插茱萸、拜神祭祖及饮宴祈祷等习俗，而携友登高也是古代文人的一项传统。本来应该一起爬山的，现在友人却要离别，因而便在这一天设宴赋诗，写图为记。

黄式苏与朱鹏的两首诗都题在画面末尾处，都是古风，一唱一和，朱鹏的和诗步黄诗原韵。两首题诗不仅抒发了两人的深厚友情及别离的愁绪，而且对当时的情境也有所描述，不妨抄录于下。黄式苏诗云：

去年此日飘零来海上，故人送我，回首华盖倍惆怅。今年此日薄宦羁山中，我送故人挂帆濑水太匆匆。人生踪迹萍梗似，乍合乍离随流水。百年离合能几回，转眼双发各老矣。况逢九日盍登台，强移萸酒祖宴开。拼将酩酊酬佳节，逞君小别不乐胡为哉。君不见孟参军，大风息起吹帽落，睥睨余子若无人。又不见刘宾客，胆小不敢字题糕，枉说诗豪压元白。何物狂生雄于词，风流潇洒亦吾师。商量樽酒登临何处去，亦复安排分笺赌韵各题诗。岂料老天不解事，满城风雨飒然至。败人诗兴罢登高，嗟尔才气磅礴何由试。停樽相对暗生愁，一年容易春复秋。陶公东篱有菊苦无酒，我今有酒无花杯在手。吏部左手持蟹右执杯，我今有杯无蟹空徘徊。莫徘徊，且衔杯。劝君子归来，买得黄花大如斗，兼选团尖惠饶守，他日携屐登山补重九。

诗中“拼将酩酊酬佳节”“满城风雨飒然至”等句可知，虽然天公不作美，但席间觥筹交错，颇为尽兴。朱鹏的和诗云：

黄子开宴送我东溪上，今日何日，回首平生转惆怅。年来尔我奔走风尘中，骨肉朋友别离何匆匆。人生到处飞鸿似，客子光阴东逝水。相视频忽惊子发苍，我亦星星白上矣。犹记去年今日别子独登台，归来一月何曾笑口开。今年千里山中入幕来，日日聚首何快哉：有时风雨谈诗到夜分，一灯有味见故人。有时兴发角句诗笺擘，钵韵初终天已白。飞扬跋扈雄于词，感君于我何止一字师。往往搜索枯肠不得就，撚髭欲断为我足成诗。客中关心是何事，黄花瘦淡秋风至。囚首衙斋近一年，今日兰江屐初试。虽云小别亦生愁，况逢佳节又悲秋。安排登高送别痛饮酒，折花当筹花在手。花如解语进一杯，人不如花空低徊。劝君莫低徊，大笑掷酒杯。秋声满地盍归来，飘泊山城大如斗，何如闭户著书故园守，雁荡龙湫共子携樽，年年作重九。

朱鹏诗中罗列了两人相处时的种种快事，也表达了对黄式苏的感佩以及亲如骨肉的友情。

离别饮酒赋诗，是文人的雅事。“虽云小别亦生愁”，寓别情于诗酒也足够了，为何还要写为图画？当天是重阳节可能是主要原因，另一原因大抵是刚好有画家来了。黄晓汀说“适予来游遂安”，即是事实。黄式苏在题诗前也有一段记述，云：“甲寅重九，复戡有兰溪之行，予送之东溪，嘱画者宋啸亭图之，凡二幅，各藏其一，复戡以斯图不宜分裂，各归于予，复戡与予各有诗。”“嘱画者宋啸亭图之”中把黄晓汀（小亭）误为“宋啸亭”，说明黄式苏与画家并不相识，但刚好黄晓汀来遂安了，故而“嘱为斯图”。据此推测，黄晓汀当时在浙西一带应该小有名气了。黄式苏让黄晓汀为他作画，原意是把画作“符契”一般，各自携带一幅，分开时是两幅，合起来便成为一件，以此表示他与朱鹏的胶漆之交。黄晓汀也是按照这个思路创作的——“图凡二幅，合之如符契，一藏黄子而归，其一于朱君”，但画成之后，朱鹏“以斯图不宜分裂”，都给了黄式苏。现存《东溪送别图》用宣纸横裁接合，恰恰验证是由两张纸拼接而成的。

黄式苏在福建任职期间，一直将《东溪送别图》携带身边，而且从 1914 年起不断请人题诗，所题者多为诗文名家。较晚的为陈三立的题诗，题于乙丑年（1925）三月，前后达十数年。另据《黄式苏集》按语，因画作年久剥落，黄式苏嘱咐其子“有机会在苏杭重裱”，可见对《东溪送别图》的宝爱。

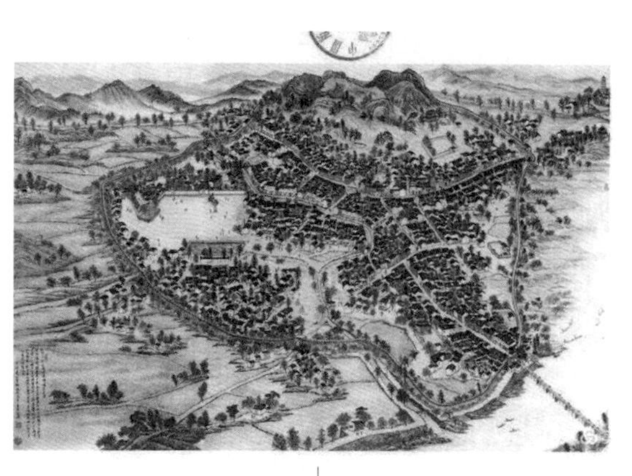
章应贤手绘，狮城原貌图，图片来自网络

黄式苏珍爱《东溪送别图》，主要是因为将它视作自己与朱鹏友谊的纪念，诸多师友的题跋也增加画作的价值。但话说回来，如果作品本身粗鄙不堪，藏者大概也不会如此珍视，上文对画面笔墨形式简单的介绍已证明了这一点。此外，画面所描绘的风土人情可能也是黄式苏珍爱它的另一个因素。

既然“东溪送别”描绘的是黄式苏与朱鹏的故事，那么画中的人物自然是指代他们两位。此时远行者已坐入舟楫，顺流而去，送行者正扶筇回城。如此说来，画中的景物便应是遂安了。如果把传统水墨画视为今天摄影一般如实地再现真实的山川地貌，难免过于勉强，但若说此图与遂安一点关系也没有，却又言过其实。在此不妨就画中景物之所指略作辨识。

遂安的历史可以追溯到东汉建安年间设置的新定县，西晋起称遂安，后与周边县域分分合合，但大部分时间称遂安县，唐武德四年开始，县治设在狮城。狮城之名得于城池背后的五狮山。

明万历年间编纂的《遂安县志》概括了狮城的地形地貌:“婺峰环其前，五狮拥其后，襟带武强、龙渡诸溪，肘臂六星、文昌诸阁。虽不通大驿，实浙东胜壤也。”从这则描述中可知，狮城的基本地形是背靠五狮山，前有武强溪、龙渡溪环绕。虽说沧海桑田，但基本地形是不会发生大的变化的。

狮城的城墙建于明正德八年(1513),包括五座城楼和五个城门，万历、光绪年间先后重修，民国二十四年（1935）再次重修，增设八座碉堡楼。城内有东、西、南、北、直、横等街道，街上商铺林立，货物丰裕。狮城内外有不少古迹，北门有西庙，南门有城隍庙，直街西首有三圣庙，小西门烈桥头有康王庙，大西门内有孔庙和东岳庙，还建各类牌坊。城东二里外的山丘上有一座七层的奎文塔，南门外有一座明代的九孔石桥九门桥。(孙泽柽《狮城简说》，载《淳安文史资料》第六辑，第 50-52 页)

不妨将这一描述与《东溪送别图》做一对比。画作中段五座高耸的山峰应该就是五狮山，山下偏左一段连续的城墙，以及城墙之内重重叠叠的屋舍，应是狮城的写照。再看前段开始部分山丘上的高塔，距离狮城略有距离，不正符合奎文塔的描述吗？由此甚至可以推测，虽然水墨画不可能遵循透视原理，但画家基本上还是从东南偏东的角度来经营位置的，这便可解释为什么把狮城画在五狮山麓偏左的位置。那么，图中扶筇回城的送行者走的是东门，小舟出发地也应在东门外。虽然在现实中这条溪应该叫武强溪，但作者以"东溪"称之也就顺理成章了。这样说来，画作末段的那座桥就表示九门桥了，虽然只画出五孔，但其他几孔显然被树挡住了。根据文献描述，九门桥在南门外，那么图中城墙末段转角附近即为南门。数年前，狮城人士章应贤先生费十数年之功，手绘《狮城原貌图》，现藏于淳安县狮城博物馆。将《东溪送别图》与《狮城原貌图》做比对，发现很多风物可以对应上。由此甚至可以认为，《东溪送别图》是一幅实景山水画。

1959 年随着新安水电站的建成，狮城这座千年古城被淹没于库区水下，虽然近年来的考古发现有不少历史古迹保存完好，但毕竟已脱离人们的生活，淡出人们的视野。而《东溪送别图》的留存，让我们多了一份怀想的依据。

一器一物总关情

◎ 金柏东

2021 年 1 月初，卢礼阳先生约我写一篇文章，讲述“我的第一本书”。我马上想到《温州名胜古迹》，整整二十五年过去了，当我再次通读它时，记忆像插上翅膀，飞渡漫漫岁月，勾起了我对早年工作的回忆和思考。

那是全国第二次文物普查和专题考古调查之后，我一直有个想法，将温州普查、调查和研究的成果，做一次梳理，撰写一本类似温州文物综录的书。不刻意追求学术价值，只作为文物资料的汇编，给后人研究提供一个参考依据。记得 1996 年 5 月的一天，作家戈悟觉先生找我谈出版《瓯越文化丛书》事宜，两人谈得很开心。当他提出让我编写《温州名胜古迹》一书时，我二话没说，就答应下来。该书开始由我和张如元老师负责编写，随着篇幅的增多，又邀请蔡钢铁和黄兴龙两位参与。我主要负责古遗址、古窑址、古墓葬、古建筑和部分馆藏文物的撰写以及全书统稿，在编写过程中始终得到张如元、徐顺平两位老师悉心指导和帮助，各县（市、区）文物干部也全力以赴，经过一年努力，终于如期交稿出版。

书中写到温州境内已发现古文化遗址近百处，主要分布在瓯江和飞云江流域两岸，其中两次专题考古调查让我记忆犹新。一为飞云江上游的古文化遗址调查。飞云江是温州主要水系之一，之前，在中下游的瑞安、文成曾发现古文化遗址多处，但位于上游的泰顺却一直是个空白点。为巩固第二次文物普查成果，市县组织一次考古调查，当时我是领队，参加成员主要有夏碎香、李作杭、高启新、陈小宁、周小平以及当地文保员若干人。当时我们乘坐一艘木船由百丈溪顺水而下，又溯水而上，走了两个来回。溯水时船夫非常辛苦，先是采用拉纤的方式，当碰上鹅卵石时，船工就喝上几口白酒，下水推船，我看了十分感动。

这当中还有一个插曲。队伍里有位姑娘，家人不同意她与自由恋爱的男友来往，想拆散这对“鸳鸯”。姑娘的母亲听说女儿的男友就在我们普查线上，怕他俩见面，于是一路对我们“跟踪追击”。

一天晚上，被雨淋湿的我们，正在一农户家的厅堂烤火。当时仅二十出头的高启新，还拿出随身携带的吉他弹奏助兴，气氛融洽。这时业余文物员匆匆从门外跑进来，急切地说:“来了，来了！”普查队员们马上领会了，赶紧把姑娘藏起来。这一路上，就像是捉迷藏一样。几个回合下来，女孩的母亲知趣地撤离了。有情人终成眷属，听说后来这对年轻人喜结秦晋之好。这段小插曲给我们枯燥艰辛的野外调查工作，增添了几分趣味和亮色。

在泰顺的那些日子，我们是抱着一定要出成果的信念开展工作的。当大致摸清区域内地形地貌的特点之后，选择的第一个点便是百丈溪和莒江溪交汇处的三角地带——下湖墩。这里山顶平坦，山坡平缓，我初步判断这应该是遗址的核心地带。于是我们分成若干小组，队员身负行囊，手持考古工具镐和锸，不时在土表挖挖刨刨，地毯式缓缓搜索。我特别交代他们在小石堆或新挖的沟坎上找。大约过了半个小时，就听有人喊“找着了”，原来是发现了锛、斧两件石器。有了线索，大家更有信心了。我们一上午又找到石杵、石斧、石刀、石锛等，同时找到夹砂陶和云雷纹、方格纹、网纹的印纹陶等器物。

接着我们又到了临近飞云江源头的史前狮子岗遗址。这里堆积层比较厚，分布面积大约有一万平方米。山腰处正好有一条壕沟，为我们寻找标本提供了方便。我们很快就发现了大批的石器和陶器，特别令人振奋的是采集到多件彩陶和刻有符号的硬陶。这些标本如此系统地出现，在浙南地区尚属首次。我们一鼓作气，又在锦边山、牛角岙、山头垟、龙珠山、柴林岗、宫头垟等地发现六处遗址。

泰顺有历史记载的是唐代，这次多处古遗址的重要发现，将泰顺历史推前了一千八百余年，可以说改写了泰顺历史。探索和发现是文物考古工作者的任务，更是义不容辞的职责。正是抱定这种“一直在路上”的追求精神，温州的文物考古工作进入了丰收的黄金期。

曹湾山遗址（原名老鼠山遗址，后觉得“老鼠山”之名有些不雅，遂改今名）的发现也是如此。如今这处遗址已于 2013 年 5 月被公布为全国重点文物保护单位。事实上，早在 1985 年该遗址就已被发现。回溯国内一些地下宝藏发现的过程，无一是事先预测出来的。如陕西兵马俑是农民打井发现的，马王堆是基本建设中挖土机揭开秘密的，包括近期江西海昏侯大墓的发现同样如此。

老鼠山遗址的发现，首先要归功于全国第二次文物普查。普查时，我们先在飞云江流域瑞安地段连续发现一批新石器时代晚期的文化遗址，捷报传来对瓯海、鹿城压力很大。于是市县组成文物普查小组，对瓯江沿线的双屿、仰义、上戍、外垟和藤桥等地古文化遗址进行全面调查。当时条件艰苦，能坐上拖拉机就算不错了，脚底下磨出水泡也是常有的事。我们根据地势地貌的特点走了好几个来回，终于找到十余处遗址，并采集到一批标本。

其中有一山岗引人注目，它四周环境空旷，沿境河流蜿蜒，具备典型的史前遗址迹象。我们从山的左侧步入，里面是个村庄，村口有几位老人在聊天。我们上前搭讪，一边给他们递上香烟，点上火，一边询问右侧是什么山，他们异口同声地说“老鼠山”。接着我们又问了山的高度、植被等情况。我对老人说，准备上山看看，不知抄哪条路走比较方便。一位老人说自己就住在山腰，平时在山上种些番薯和蔬菜，自告奋勇带路。山顶空气清新，俯瞰四周环境，仿佛是一处仙境。北偏东山坡坡度适中，像片斜面的草坪，引起了我们的注意。仔细观察后，我们开始采集标本，先从挖树坑的浮土和挖沟的断面入手，很快就发现了几件石簇和石锛等石器，接着又发现了印纹陶片。在不到两小时的采集中，四五个人都有所获。几位队员坐在草坪上，检视自己挖到的标本，非常高兴，尤其是两位年轻人第一次参加调查就有收获，认为是老鼠山带来好的兆头。

老鼠山位于温州西部，西南东三面为戍浦江所围绕。海拔仅61米，是一座主峰和多座小山头连成一体的岗丘型山岗。我们这次实地调查和采集标本的成果，都收进了《温州名胜古迹》一书。这为日后考古发掘的惊世发现埋下了伏笔。

时光飞逝。转眼间十多年过去了。2002年初，市文物考古部门复查该遗址时，在山顶并没有发现理想的标本，于是根据当地农民提供的线索，在山脚试掘，也没有实质性的收获。就在进退两难时，省考古研究所领队王海明果断提出重返山顶打探沟试掘。结果“一掘惊人”，声名大震。

这个新石器晚期至夏代的大型岗丘聚落遗址，发掘时间为期半年，面积达635平方米。发现了石础建筑基址，并清理墓葬三十五座，出土石器、陶器和玉器等一千多件文物和大量陶片标本。石器中以石簇、石锛为多，形态丰富多样。墓中还出土玉锥形器和一件象征权力地位的镶嵌玉片的柄形器，玉片线切开材工艺水平极高。老鼠山遗址发掘丰富了好川文化的内涵，是良渚文化后期跨越钱塘江向西南延伸，并向海洋开拓的见证。同时也为温州先秦文化发展序列和考古编年的建立提供了地层学的依据，具有标志性的意义。目前，曹湾山遗址博物馆和遗址公园正在规划中。其中博物馆建筑面积约四千平方米，结合遗址内涵和研究成果进行建筑设计。公园提升范围约一万两千平方米，将秉承“承古传今”的理念，展示好川文化的岗丘型聚落遗址，使游客领略到四千年前先民们的生存状态。

在《温州名胜古迹》一书中，除了关注温州史前文化遗址现状外，另一个视角就是对以瓯窑为代表的本土瓷器生产体系内涵的探索与重构，为今后瓯窑青瓷的研究夯实基础。书中重点介绍了113处古窑址，成果主要来自文物普查、专题调查和考古发掘。从1985年10月开始，省、市、县三级文物干部组成专题调查队，由省考古研究所古陶瓷专家任世龙担任领队，我协助他开展工作。队员有省所汤素樱和市处方加松、王同军等，每到一地都有文物干部参与。

永嘉区域窑址分布范围比较大，林鞍钢、林志跃等三人始终参与。在永嘉县调查前后大约一个月，新发现窑址三十多处。在调查已有线索的启灶、坦头窑址的途中，要翻过南岙村的马鞍山。我们拾级而上，两旁是茂密的竹林，空气特别清新。不一会儿就到了半山腰，我突发奇想：如果在这里发现窑址该多有意思。忽然间我发现五米开外的小土堆上有几片青瓷残片，眼前一亮，凭借多年的实践经验，我知道“有戏了”。这些瓷片与瓯窑瓷片完全不一样。当我们慢慢掀开它的面纱时，不禁惊喜：这可是龙泉窑系的罕见瓷片！我当时判断，这可能是在本区域调查获得的最好的元代瓷片，应做好调查实况记录。这批青瓷片主要有碗、盘、水盂、粉盒等，胎质细腻，釉色温润，制作精良，外观莹净如玉。通过采集标本和窑具分析，烧制方式系一匣装一器，也有一匣装多器。三十多年后即

2020 年 4 月，为配合杭温高铁建设，温州博物馆联合永嘉县文物馆，对马鞍山窑址进行发掘，揭露龙窑窑床一条、储泥池一处。烧制的产品除上述标本外，还发现了大量的洗、炉、高足杯和小口罐。其中小罐等产品，与福建大练岛元代沉船中发现的器物相一致，当属外销瓷器。2020 年底，该窑址发掘成果被评为浙江省十大考古新发现之一。而此窑口的种种信息，早已在当年的书中留下了“蛛丝马迹”！

那天我们到达启灶窑址时，太阳已偏西，山坡上的瓷片在余晖映射下发出银子一样柔和的光泽。丰富的堆积层，质量上乘的残件，让我们惊喜异常。可惜外侧被农村机耕路拦断一截，堆积层仅保留山坡一段，也有可能部分堆积层被埋入路基。采集的标本主要有青釉壶、罐、钵、盘等。直口罐、执壶和碗的适当部位施加了褐色圆斑，边缘有明显晕散区，难得一见的是窑具匣钵，竟然是瓷质的。考古调查表明该窑褐彩属釉下彩，在瓯窑唐五代窑址中颇有代表性。

褐彩青瓷是瓯窑产品的一大特色，始于六朝，唐五代得到迅速发展。纹饰有点彩、条纹、斑饰、绘花和书写文字等。在国家自然科学基金会资助下，我们对瓯窑各个时期褐彩青瓷样品的胎釉化学成分、岩相、物理性能等进行测试分析，取得新的突破，在古陶瓷国际学术研讨会上获好评。成果文章在《文物》《考古》等专业杂志上发表，引起陶瓷史学界的重视。《中国考古年鉴 · 1989》认为:“温州六朝釉下彩的发现，将我国瓷业釉下彩工艺的起始时间大大提前。”

距我们考察二十多年后，2017 年 5 月至 12 月，省市县三级组成考古队，对启灶窑址所在的北坡进行了局部发掘，揭露窑炉、储泥池、辘轳坑、釉料缸和祭祀遗迹等，保存完好。出土上万件瓯窑青瓷标本，品种丰富，有不少属精美的褐彩青瓷，在国内同时期窑址中独树一帜。同时瓷器上还有“余王监”“官作碗”等字样，这是瓷器上第一次发现的铭文。2020 年启灶窑址被列为全国重点文物保护单位。

古窑址专题调查队经过数月艰苦工作后，1986 年 3 月至 6 月集中到市郊景山休整。根据市县文物干部的要求，我们在这里办了一期古陶瓷学习班，参加的学员大约有二十人。任世龙老师担任主讲，以古窑址的地层学和器物学为切入点，深入浅出地讲到窑址调查的地形地貌、窑床和堆积层分布规律，以及标本采集、登记、绘图等等，大大提高了学员的专业水平。听课的王同军、蔡昌振、陈钦益等后来都成为专业骨干。业余时间我们与景山气功疗养院还举办了一期别开生面的“考古人员气功班”，以提高学员身体素质。通过学习铜钟气功，学员们精神饱满，进步很快。我的变化特别明显，原先不到一百二十斤的瘦子，一个月胖了十多斤，体质也有很大改善。

休整之余，我们又调查了西山窑址群的护国岭、乌岩岭、小山儿和正和堂窑址，确定该窑址群起始于晚唐，盛行于五代北宋，至南宋开始衰弱。我们选择乌岩岭窑址进行考古发掘，挖出一条南宋龙窑窑床，长达六十余米，宽近两米。窑的一侧开有窑门，出土以碗、盘、盏、壶为大宗，窑具有匣钵和垫具，发掘现场相当壮观，学员们真切体会到考古的辛苦以及收获的滋味。

田野考古调查，最核心的环节是要深入实地。即考古人常说的“四到”：脚到、手到、眼到和心到，前三者是获得一手资料的保证，心到则是要做一个文物工作的有心人，不仅要有吃苦精神，还能善于从林林总总的无序器物和野外的“痕迹”中找出目标。《温州名胜古迹》中首次收录的浙南石棚墓，充分彰显了各级文物工作者的探索和成果，2001 年被列为全国重点文物保护单位。

鲜为人知的浙南石棚墓群，属于世界现存最古老的石构建筑之一，也是中国南方唯一的分布区。浙南石棚墓最早发现于 1958 年，此后销声匿迹，只在《浙江省古文化遗址图录》中留下一张珍贵的照片。第二次全国文物普查开始，瑞安率先发现多处石棚墓，立即引起国际友人的关注，日本、韩国多次组团来寻找石棚墓的历史渊源；美国、英国、法国等国的文物、博物专家，也来温考察。我有幸全程陪同。来自日本的一支考古小分队，成员都比较年轻，穿着也休闲，他们一到现场，立刻分工明确，有的钻进石棚里，有的爬到盖面上，有的拍照、测量。他们不知疲倦，动作利索，操作规范，有条不紊，令人佩服。短暂的休息时间，他们也抓住不放，询问温州石棚出现的最早时间，以及出土文物情况等，我都一一作答，还特地讲了温州石棚出土的扁平式石锛，与日本出土的石锛相似；出土的青铜短剑，则与韩国出土的相似。他们听了很高兴，追问当时如何实现海上交通。我讲述了“黑潮暖流线”的走向，起始赤道，经菲律宾西行，至台湾东部西折，沿着东南沿海到达日本附近。经近年卫星照相表明，它恰与洋底海沟走向一致。该线路平稳，航位明确，加上高温度和高盐度，有利于温州到日本的航行。他们面带笑容，频频点头，看来对我的解答挺满意。这时突然有人问：你是北大考古系毕业吗？我摇摇头，说：不是、不是。他们非要刨根问底，我只好说“自修大学”毕业。他们听了感到莫名其妙，还是翻译解了围，解释说所谓的自修大学就是自学自修，这群体在中国十分庞大，讲通俗一点就是自学成才。他们听了也不一定全懂，在一片笑声中结束了这次野外调查。

平阳、苍南的石棚墓都是在专题调查中陆续发现，大大拓展了温州石棚墓的分布范围，再次引起日本、韩国学者的关注。平阳钱仓龙山头石棚墓，分布区域很大，满山遍野都是大大小小的块石，仿佛一个硕大的采石场。我们先后组织十余次调查，有一次还请省考古研究所所长刘军率队赴现场考察，随同者大约有十五人，像是请专家会诊一样进行分析。支起的大石块分布密集，参差不一，摆法也没有规律，实在难以判断。韩国历史学会会长金贞培教授带两位研究生也来此地考察，在炎热的天气中，带着大家反反复复绕了将近两个小时。他十分自信：这里就是石棚墓分布区，而且有一定数量和规模。他还进一步指出这里可能会有岩画，还不止一处。当时我们分头寻找，后来又多次寻找，都没有满意的结果。最后省考古研究所副所长陈元甫带队，组成省市县三级考古调查组，又一次赴现场复查。经反复推敲，最后选定一处，称为一号石棚墓。因受山体滑坡影响，墓已向左侧倾斜。盖石略呈长方形，东西长三点四米，南北宽 2.9 米，厚约 0.8 至 1 米，重量超过十五吨。支石一侧已塌倒，形成前高后低的形态。1994 年 10 月 25 日，正式启动考古发掘，一举获得成功，在表土以下的 0.3 米处发现夹砂陶、黑皮陶和硬陶多种，年代约在西周时期。

1993 年，省市文物部门对分布在瑞安莘塍岱石山三十多座石棚进行抢救性发掘。发现随葬品主要有陶罐、豆、鼎、纺轮，原始瓷尊、豆、鼎、碗、盂，青铜矛、戈、锛、短剑、小编钟等，对研究商周时期东南沿海地区社会、经济和对外交流具有重要意义。

《温州名胜古迹》第四章节是古建筑，详细介绍了泰顺廊桥。从结构来看，泰顺廊桥是《清明上河图》中北宋桥梁的再现，其数量多、工艺精湛、造型独特，引起国内外专家的广泛关注。廊桥中三条桥历史最为悠久，系八字伸臂木廊拱桥，原先由三条梁架设为桥而得名。长26.63米、宽四米、离水面约十米。据泰顺《分疆录》记载，清道光间修建时曾发现唐“贞观”旧瓦，可见时间相当悠久。三条桥很早就入选茅以升先生主编的《中国古桥技术史》一书，2006年，作为泰顺廊桥的代表性建筑之一，被列为第六批全国重点文物保护单位。

我第一次到三条桥调查，县文博馆馆长夏碎香和馆里的陈小宁等同行。到达现场时已近黄昏，放眼望去眼前简直像一幅油画，色彩丰富，层次分明。当时我脑海里冒出一个念头，唐贞观年间的瓦如果还在该多好。旁边有人找来一把竹梯，我登上屋面檐口，在成千上万的瓦片中寻找着。横看竖看，包括颜色、尺寸，经过一片片仔细排查，终于在接近中脊的位置，发现一张浅灰色、大尺寸的瓦片，我告诉同行“有情况了”。考虑到自己的体重和灵活性，不宜踩瓦攀高。于是叫来一位小年轻替我上，他步伐灵活，轻盈熟练，不一会儿就找到了瓦片。我端详着那瓦片，只见上面有一行清晰的刻字：“丁巳绍兴七年九月十三日开工作瓦其年口口口口立”，确认是南宋绍兴七年（1137）九月十三日的瓦！大家欣喜若狂，互相传递着观赏那貌似普通的瓦片，兴奋的欢呼声回荡在山谷。

值得庆幸的是，2020年三条桥落架维修时，共发现刻划修建时间的砖瓦有九件（瓦八片，砖一件），其中有北宋大观年间、明代永乐年间等。这些传承有序的瓦上铭刻，是泰顺先民造桥近一千五百年历史的真实记录，为确定泰顺廊桥在造桥史上的地位提供了重要依据。

温州馆藏文物数以万计，《温州文物古迹》中选的无疑都是最有代表性的物件。其中两件印刷品独具魅力，引起国内外关注。一为1965年发现于白象塔的北宋刻本《佛说观无量寿经》活字印刷品残页，二为1994年发现于国安寺石塔内的北宋蚕母版画。

这两件物品虽然出土时间相隔不短，但面世时都毫不起眼，皱巴巴的小纸团，体量与大拇指相近。我先轻轻清理粉状的外表，然后小心翼翼打开纸团。面对一块块分离的碎片，我屏住呼吸，不断调整角度，试图拼出最理想的画面。每次都大约花了两个小时，才基本将残留画面拼在一起。经在场诸位认可后，马上请人拍照，还请柯志平先生拓裱，以便保存。

1986年《文物》第五期以《早期活字印刷术的实物见证》为题，对北宋活字印刷残页进行了专门介绍，迅即引起国内外普遍关注。《浙江七千年》大型图集还以显著版面刊登大幅实物彩照，国际印刷史首席专家、美国芝加哥大学钱存训博士多次来信了解情况，并从世界科技史的高度在国际会议上进行评价。

北宋蚕母彩色木刻版画绘制了蚕母、蚕茧和吉祥等图案，刀法利落、字体苍劲、色调明快，较为完整地反映了蚕神的形象和蚕茧丰收的景象。这是现存最早的一幅彩色蚕母版画。中国丝绸博物馆赵丰等两位专家闻讯后，马上赶赴现场鉴赏、考证，认定这是一大重要发现。我写的《温州发现＜蚕母＞套色版画》一文在《文物》1995年第5期发表后，钱存训博士来信鼓励："先生对贵馆所藏珍品多加考订，嘉惠士林，引起国际注目，至深钦佩。"同时表示："前撰《中国科技史·纸和印刷》(中国科技史大系60卷,李约瑟主编)，因写作稍早，最近发现未及收入，现重加增订，希望将贵馆所藏珍本及大作介绍予以采用。"在一次全国古代印刷史会议上，几位专家与我聊天时都直说我幸运，仅仅十年工夫就遇到两件全国罕见的古代印刷品，他们搞了一辈子研究都没能遇上这样的机会。

馆藏文物中还有两件国宝级珍品，一件是北宋彩塑观音立像，另一件是北宋褐彩蕨纹执壶。1965年白象塔出土的彩塑观音立像有两件，分别藏于浙江博物馆和温州博物馆，无疑都是镇馆之宝。观音立像高六十厘米，高髻华冠、眉清目秀、双手纤巧，平举胸前合十。身体各部分比例适度，透视准确，线条圆润流畅，表现出轻盈的体态和秀丽的容貌。

褐彩执壶，出土于市郊景山，现藏温州博物馆。壶高 24.5 厘米，塔形高盖，修长瓜棱腹，斜口圆管流。釉色青中闪黄，匀净透亮。周身褐彩装饰，线条流畅多变，蕨草亭亭玉立，小叶横伸，层层舒展，曲尽写生之妙。说起这执壶从发现到最后确定为国宝文物还真费了一番周折。1984 年 1 月的某天，文物干部陈日文神神秘秘地来到我办公室，说景山发现一件稀奇文物。开始我还不太在意，等起身打开纸箱见到这件执壶时，有点不相信自己的眼睛。经过仔细鉴别分析，我断定它是一件十分罕见的北宋早期褐彩执壶。我连续看了好几天，爱不释手。在跟踪调查中了解到，同时出土的还有杯子。由于杯子破碎了，就扔在一边，随土方一起运走，倒在工地上。我马上带着两位年轻人赶赴现场，翻来覆去地寻找。当时我想能找到一两片，也就心满意足了。这次没那么幸运，找了好几天毫无收获。

1990 年，全国文物巡回鉴定列温州为浙江的一个点，邻近的台州、丽水一并集中到温州鉴定。来温鉴定的专家有朱家溍、耿宝昌、杜迺松、杨伯达、张浦生等十多人，由李耀申带队。我有幸以温州文物鉴定小组组长的身份参与，并全程陪同。鉴定组专家对北宋彩塑观音立像和北宋褐彩青瓷执壶这两件文物十分看好，一致认为可以定为一级文物。在最后定级讨论会上，朱家溍老师特地让我介绍这两件文物的特点和价值。我认为，中国彩塑艺术在唐代度过了辉煌时期，宋代理学的兴起，使造像艺术从天堂走到人间，趋于世俗化。北宋温州彩塑造像是其中的重要代表，这种世俗化的造型和神态，可以普及到家庭供养，能与信徒在感情上进行交流，充满人间生活情趣。经过反复慎重论证，北宋彩塑观音立像成为温州第一件国宝级文物。浙江博物馆馆藏的彩塑观音立像，无疑也由原先的一级调整为国宝级。

讨论北宋褐彩执壶时，分歧比较大。主要是窑口问题，会上有不少人认为，该壶褐彩掌控和应用已达到炉火纯青的水平，非长沙窑莫属。会上我也谈了自己的看法，温州瓯窑大约在魏晋时期最早使用褐彩工艺，晚唐至北宋时期褐彩工艺已相当成熟，虽然目前还找不到这样精致的纹饰，但同样的造型都能在窑址中找到盖、流、把、底和瓜棱的残片，褐彩呈现的褐、黄褐和褐中带绿，亦能在窑址标本中找到依据。讨论很激烈，一下子难以定论。天色已近黄昏，耿老师建议我们找出有说服力的各类标本，明天返京前在温州饭店会议室再做讨论定夺。当天晚上我们与管陶瓷库房的同事通宵达旦寻找最为接近褐彩执壶的标本，包括造型、釉色和褐彩标本，足足有一箱。第二天我们来到会议室，将所有的标本分类摆好。专家陆续来到会场，我们拿起标本进行讲解。一切都变得顺理成章，温州第二件国宝就这样诞生了。蔡昌振特地为我和专家一一拍照留念。

专家在温州顺利完成鉴定工作后，中午准备乘飞机返京。我们到了机场候机楼不久，就听到广播：因天气原因飞机延迟起飞。一个小时后还不见动静，我约上省局的吴志强主任和梅可锐、沈坤荣处长一起去机场宾馆，好说歹说落实了四个标准间，安排专家休息。这时外面已乌云密布，风雨交加，看来飞机一时还无法起飞。我们又去宾馆经理室要求增加几个房间，经理说刚刚被市主管部门包走了。我打出了名家的招牌，对经理说：这批专家中有一位是书法大家，叫朱家溍老师，来自故宫博物院，我看你们大门墙面上还没有挂牌，如请他题写馆名，可是千载难逢的机会啊。那位经理马上起身，连声说好，着手腾出几间等待验收的贵宾房和会议室。北京专家和随行人员的住处总算有了着落。这时已是傍晚六点，我们又联系了附近一家面馆，煮了四大面盆的米粉烧白虾给专家们当晚餐。后来听说大家吃得精光，还连声说“好吃”。二十年后，耿老师再次来到温州，在瑞安鉴赏瓯窑青瓷时与我相遇，他谈得最多的就是国宝北宋褐彩青瓷执壶，以及那天风雨交加滞留温州的场景。

窖藏出土文物一般来说都是珍品，原本书中准备单独辟为一章。考虑到篇幅不大，就并入“馆藏文物”章节。二十世纪八十年代以来，温州发现窖藏文物有三起。1983年3月，永嘉县下嵊乡山下村村民平整土地时，在离地面一米处发现磁州窑白地铁锈花盖罐，罐内藏有一批银器，保存较为完整的有51件。由于县文化部门的重视，这批文物及时得到保护。文物干部林鞍钢赶赴现场，在完成清理点交工作后，马上给我打电话，请我来鉴定，并提到县领导和新闻媒体迫切想知道这批银器的年代和价值。我赶到永嘉县文化馆文物办公室，里面人不多，外面却围着不少人。林鞍钢是当地文物部门的负责人，给我做了详细介绍。我看到这批银器时很惊讶，从中选择了磁州窑的罐、有商号的铭文以及时代特征明显的银器和钱币，作为判断时间的依据。半个多小时后，我提出了鉴定意见：这批银器是南宋时期制造的，在温州属首次发现，它对研究南宋温州的经济和对外贸易提供了重要的物证。第二天省市各大媒体都刊出了相关报道。之后我们大约花了两个月时间，对这批银器时间、工艺和意义进行详细论述，国家文物局主办的《文物》杂志也准备发表。意想不到的是拍摄的实物照片，却数次被退回。要知道当时寄信件一个来回（包括对方审片）大约要一个月。正着急时，林剑丹先生说让他试试，结果真的一次就搞定了。事后向他取经，他还不轻易告诉我们。据说他学习摄影，交了不少学费，最后他透露说秘诀是用光。我和林鞍钢署名的文章在《文物》1984 年第五期发表，《中国妇女妆饰》等书籍和画册都予以转载、引用。这批银器主要有兽面纹银碗，鎏金银钗、簪，银钏等，其制作工艺采用翻铸、镂空、切削、焊接、浅刻、捶打、压印等技法，具有较高的工艺水平和艺术价值。其中 24 件银器被定为国家一级文物。

1983 年可谓惊喜连连，6 月又有一窖藏文物出土。泰顺县南浦乡孙坪村发现深埋于地下的窖藏青瓷，内有牧牛砚滴、玉壶春瓶、把杯、匜、碟和高足杯等六件瓷器。夏碎香馆长赶到孙坪村后立即打电话给我。虽然在乡政府重视下，已追回被人拿走的文物，但为了以防万一，我与夏馆长商量必须乘胜追击，不能有一件漏网。在馆方细致的工作和当地全力配合下，还真有一件人物水滴瓷器被追了回来。夏馆长一天几次电话催我到现场进行鉴定，第二天我坐了五个小时的长途车赶到泰顺。洗了一把脸，喝了一口水，就马上投入工作。面对一件件精美绝伦的龙泉青瓷，所有疲惫瞬间都消失了。我先用器物学的方法将这些瓷器进行排序，以元代标准器玉壶春瓶、高足杯、碟为基线，稍早的牧牛砚滴、匜为上线，把杯类出土很少只能进入参考线，再根据釉色和足底朱红色的分析判断，确定为元代龙泉青瓷精品。至于青瓷人物砚滴，有人怀疑是冒充进来的，理由是这类器物造型过去未曾见过，再则青釉颜色偏浓，与前六件有明显差别。当时完全有理由将这件砚滴放一放，待以后再请专家一起鉴定。但我还想再努力一下。夜已深，我一边对照仅有的一本画册，一边梳理出元代龙泉窑八个方面的特征，如造型、釉色、胎质、纹饰等，一一对照，最后确定是元代龙泉青瓷，但与前六件不是一个窑口。这批元代龙泉青瓷，胎质细腻致密，瓷化程度极高，釉层丰厚如凝脂，明显区别于玻璃釉的浮光，可谓“极青莹，纯粹无瑕如美玉”。那时正巧全省文物普查现场会在温州召开，温州博物馆举办《温州文物普查成果展览》，当专家看到泰顺元代窖藏青瓷时，都举大拇指称赞为“精品”。全国一级品鉴定温州区现场，专家看了也赞不绝口。当一件件青瓷递上鉴定时，专家们发出最多的声音是“一级”“一级”，结果五件被鉴定为一级，那比例应该说是很高了。

20 世纪 80 年代，称得上温州文物窖藏的高发时期，除了永嘉、泰顺两地相继发现银器、瓷器窖藏外，1988 年 4 月，洞头县北岙镇后垅村又发现一处元代窖藏青瓷，内藏青瓷五十余件。记得当天，我与金福来、陈震捷以最快的速度赶到现场。面对这一大批瓷器，有些眼花缭乱，还好从归属看种类不过十多种。我们三人分工，福来负责分类，震捷负责绘图，我主要负责记录。前后用了两三个小时，就完成大致整理工作。这次鉴定工作较前两次要好得多。第一阵营强大，第二器物分类简单，第三有之前的经验。我与福来商量后确定:这是元代龙泉系青瓷，属典型的外销瓷。其间我们还到了现场，看到这里四面环海，背有半屏山和大瞿山作屏障，是一个良好的避风港湾。传说这里古时村镇繁华，并设有停靠船舶的码头。由此可见，这批龙泉瓷器很有可能是外运中遇到意外，临时埋于此地。窖藏中的高足杯、碗和盘，尤其是月梅纹盘，是外销瓷中的畅销商品，与日本和韩国海底沉船发现的器物相近。通过媒体报道和专业杂志的文章介绍，洞头元代窖藏龙泉青瓷成了一张文化名片，不少海上丝路的展览和研讨会上都有它的身影。经全国一级文物鉴定组鉴定，有四件文物被定为国家一级。它为确定温州是龙泉青瓷出口的第一大港口，提供了一份可靠的依据。

《温州名胜古迹》一书，是我参加文物工作十多年来的记录和回顾，谈不上有高深的学术价值，甚或难免一孔之见，但这点点滴滴，犹如吉光片羽，真实地刻下了我从业以来不同阶段的轨迹，对我后来专业工作的研究和拓展亦大有裨益。每当看到它作为文物考古的第一手资料被人引用或作为参考，我内心总有莫名的感动和感恩。

2021 年 2 月 24 至 25 日

咬定青山不放松

——『放怀心象：陈天龙与中国油画』学术研讨会发言实录

◎ 杨振宇 王勤硕 整理

2020 年 12 月 12 日，温州肯恩大学陈天龙美术馆举行开馆仪式并举办首展“良择”。当天还举行了“放怀心象：陈天龙与中国油画”学术研讨会，来自全国知名艺术院校、艺术机构及温州艺术界的艺术史家、艺术家、批评家、策展人、艺术管理者，从不同角度畅谈陈天龙油画艺术与中国现代油画的发展之路。下文根据现场发言整理，有删节。

杨振宇（主持人，中国美术学院艺术人文学院院长、中国油画学会理事、浙江省文艺评论家协会副主席）：因为疫情缘故，很多学者不能赶来现场。2006 年，上海美术馆做过陈天龙老师的大展，后来又辗转到中国美术学院和北京中国美术馆。北京那场，尚辉是学术主持。今天尚辉赶不过来，他在微信里跟我说，陈天龙老师是中国油画界极具代表性的人物，更是罗训班当时坚持到最后一位极具代表性的画家之一。

研讨会取这个标题，还是用了许江教授的表述。2014 年陈天龙老师那本厚厚的画册，许江教授写的序言为“放怀心象”。其实，我私下里很想把这个论坛叫作“天龙八部”。陈天龙老师是中国二十世纪艺术里面的一个传奇人物，不仅因为他的艺术创作里面有很多我们未能完全了解的“谜”，还因为陈老师像天龙一样，常常见首不见尾。陈天龙老师对评论是比较警惕的，他对艺术就很有自己的观点，他不仅是艺术家，也是一位有艺术见解与判断的艺术家。他经常直接就讲：“我厌恶用花腔的话语来奢谈艺术。”陈老师希望能够用更直接、更纯粹的方式来谈论艺术本身。所以，他对评论其实是很苛刻的。

陈天龙老师曾再三强调，创作不能模式化，不能因袭自己，甚至在思维模式上也不能因袭。陈老师不写大块头文章，但是有一些零散的谈艺话语录，有很多妙语。譬如“触物生情，借物生疯”这样的观念，如何借着事物让我们自己疯狂一样的情绪能够表达出来，但又不能乱来。又譬如他说:“整个世界都是无穷的、物质的局部构成，它既是具象的又是抽象的。”于是他用我们日常熟悉的词语，像“触景生情”，或者再用一个词来谈艺，叫“情中生理”。记得我读到这儿，还对着这个词发呆了半天，情当中怎么还生出理？这是情理之中还是情理之外？“理”这个字，宗炳在《画山水序》里就曾说过“应会感神,神超理得”。陈老师还讲了一个词,叫“理中生色”，在“道理”中形成对于色彩的把握。色彩不只是感性的，还跟“理”有关系，这里面有很有意味的地方。他还讲了一句话:“没有理性的画，简直是疯狂，一定要画里面有理性;没有感性的画就没有生命。”所以他这种复杂悖论里面要处理对画面生动的把握，一般人是驾驭不了的。我们看他的画，如果没有调动理性、感性所有的能量，画面的那种分量就可能感觉不到，因为他的画面总是很丰腴很丰富。

陈老师很多有关艺术的表达很耐人咀嚼，比如他会说“我热爱艺术，但我不知道艺术”，“我出世后就把人生许配给艺术，我画画从小喜欢到爱，到热爱，这种爱一直往下走变成狂热的爱，直到今天”。这种自信心就是首先来自陈老师对油画技法的自信。甚至于在年轻的时候，他就感受到一种自信心:我是一个天才;对颜色、技法的把握是我身上特有的。他自己也很珍惜自身的天赋。拥有天赋，自觉于这种天赋，同时能够辅之以技法上的把握，让这样一种天赋能够永远持留下来，这一点我觉得可能是陈老师给我们很多启发的地方。即，一个艺术家如何能够保有自己的天赋，让自己在艺术的世界能够持续生长……

今天，我们要交流的是，我们如何来讨论艺术，我们如何来理解和感受天龙老师艺术创作的心路历程，如何理解中国油画所面对的现实处境和历史语境。

陈天龙（油画家）:还是那句话，感谢大家，衷心地感谢大家！第二句话，请诸位要发言的人，不管是谁，拿根棍子敲我，可别把我敲死，把我敲清醒就得了。

研讨会现场

李磊（画家、著名策展人）：2006 年上海美术馆举办了陈天龙老师的展览，当时在油画界是一个盛事。展览期间我问陈老师能不能留一件作品给上海美术馆，陈老师非常慷慨，他说：你来选。我们就选了一件油画，内容是丛林茂密的山峦环抱着一座幽深静谧的庙宇。2012 年上海美术馆迁址到原上海世博会中国馆，就是那座巨大的红色建筑。我们在那里做了一个反映新中国七十年美术历史的大型陈列《锦绣中华》，就选用了陈天龙老师捐赠的那件作品，社会反响非常好。

通过展览要向大家传播陈天龙老师的艺术精神。我觉得至少有两点：一是独立的人格和价值判断。我们可以看到陈老师在五十年代、六十年代创作的作品跟大一统的时代氛围是不一样的，在那个时代画这样的作品是要被批判的，他为什么要这么画？他心里面有自己判断和选择，决不随大流。我们再看陈老师在七十年代、八十年代、九十年代、〇〇年代，每一个十年，他画的作品都是不一样的，甚至可以说有些是生涩而不成熟的，但正是这种生涩和不成熟恰恰反映一个人思想的活力和情感的燃烧，它始终是怀有一种跟社会、跟时代相对应的关系，而在这样一种关系当中，把自己投射到社会，再把社会的各种感受反映到他的作品当中来，所以他没有一个固定的程式，到 2020 年他又有很多的变化，包括给学校画的几张大画，跟以前的画有很大的差别，但是精气神是一致的，就是不断地寻找、不断地探索，独立思考、独立人格，这些都是可以传给同学们的宝贵财富。二是家国情怀。陈老师画的所有东西都没有离开他所生活的这块土地，环抱他的山峦、滋养他的城市，他一直在这样一个氛围里面，而这个氛围当中，恰恰是提炼出他的爱国爱乡的人文情怀。这种家国情怀对于每一个同学未来的发展都是一个重要的底色。

龚云表（艺术评论家、理论家）：2006 年，上海美术馆举办"守望自然——陈天龙油画展"，是我参与策划的"油画中国"系列展的第一个展览。而我认识陈天龙老师，是在 2004 年，我和沈行工、尚辉一起策划了中国首届意象油画邀请展，在我们邀请的三十多位油画家中，绝大部分来自学院，只有陈老师是以民间身份参展的。我们那时候很惊奇甚至感到震惊，感到真是"高手在民间"！后来知道他原来也是学院派，但又是从学院派突围而出的。那时有两个训练班，一个是 1955 年到 1957 年央美的马训班，另一个是 1960 年到 1962 年浙美的罗训班，陈老师是罗训班的。罗训班导师博巴所代表的罗马尼亚东欧艺术体系，主要是从后印象派和德国表现主义发展而来，从格列高里斯库到巴巴，然后是博巴，倾向于现代主义艺术，这跟马训班所代表的社会主义现实主义，其地位和意义应该是并行不悖的。今天我们很有必要重新认识、重视和研究罗训班。

他是新中国第一代油画家，在这一代油画家中能够跳出来并且建立个性化绘画语言的油画家不多，陈老师是脱颖而出的佼佼者。他回到家乡温州以后，有六七年像隐士一样跑到山里去画画，这成为他求变、创新艺术道路发展的起点。从陈老师的艺术经历，让我联想到后印象派开创现代主义的塞尚，他也回到自己的家乡普罗旺斯，画圣维克多山，画松树，不断地画，反复地画。陈老师也是这样。他在温州，也一直画那么几座山，甚至在自己家里从窗口看出去，就那个风景，同样可以一直反反复复地画下去。就像塞尚画风景画，认为这是"人加自然"，"人们不须再现自然，而是代表自然"。

是以我为主体，从而在自然面前表现感觉，实现自我，在写生中实现求变和创新。

陈老师不仅是激情型的画家，同时也是思考型的画家，这一点很重要。陈老师的思考，表现在他的求变的创新意识。英国诗人艾略特有篇文章《传统与个人才能》，说到对传统进行批判性和创造性的延续，通过个人的学养、天赋、艺术感知和审美，把传统看成是为我所用的动态的活的存在。陈老师的传统无疑来自罗训班现代性创作理念以及强调色彩和线条的表现力的那种写意性表现性形式语言。正是在这个基础上，建立起他自己的个性化风格语言。陈老师能够把中国意象美学的意境放进去。从这个角度来看，或许“意象”比“心象”更能准确概括陈老师的艺术特点，更能落到实处，而“心象”则稍显抽象和宽泛。

何红舟（中国美术学院绘画艺术学院院长、教授）：中国油画国美之路发展历程里面，有好几个我们讲的短训班或训练班，从博巴油画训练班，还有像赵无极短训班以及英国画家尤恩的训练班。这对学校油画无论是教学还是研创来讲都产生很大影响。博巴油画训练班里面很重要的因素不仅仅是谈到中国化即油画本土化的概念，这只是其中的一部分，真正很重要的是什么？关于艺术个性，关于时代性。中国的油画发展，大家真正感到纠结的始终是眼界的问题，或者是跟世界如何同步的问题。因为油画发展在中国只有一百多年的历史，使用油彩来画或是以渲染方式完成的作品，这不能真正叫作油画。油画在这一百来年的时间里面真正经历的就是中国艺术家渴望把西方传统的东西想把它吃透，同时正在发生的现当代艺术也希望吃透，我们在里面看到油画在中国两条路径，一个是以徐悲鸿为代表，一个是林风眠。林风眠先生强调的恰恰是创造时代的艺术。提醒艺术家要放眼整个世界，我们现在说的就是全球眼光的问题，就是要有国际视野。博巴的训练班里面，不仅为这个班，其实也是为一代人奠定了这么一个发展方向，就是关于艺术个性的表现、时代性展现的问题。

同时，像陈天龙老师，如果不回到温州，不归隐到山林里面，可能他任性驰骋的艺术个性会打折扣。我们在他的个性发扬里面也能够看到一些东西，尽管是一个个案，实际上却有大的参照在里面。比如我们讲到创新的问题，很典型的艺术家，如毕加索不断求变，从早期到后面的时期不断追求这种形式创新的变化，这种变化就是展现艺术的活力，展现艺术家旺盛的生命力。我们很多艺术家，如果一直在学校里面想求新求变的时候，因为历史的原因，可能还不一定真正得到能够实现，但恰恰如陈天龙老师就是在“归隐”山林后，才有机会充分地实现自我。从这种角度来讲，陈天龙老师恰恰因为各种机缘形成了他目前所具有的艺术家的典型状态，很自由！我们知道，自由的前提就是自律，我相信陈天龙老师是把自己放在艺术世界的框架里面进行艺术表现的探索，无论从艺术表现也好，谈心象也好，包含了理性精神在里面，从而提升自我，提升感受力，提升创造力，因此我们能看到他艺术创作多样化的发展。

应该说陈天龙老师的个案，与林风眠曾经最早时候谈到的严格的基础、自由的创造相关，两者之间有时是会有矛盾的，谈到创造性会把前面归零，归零此时是作为方法论来说的，联想到陈天龙老师，他的艺术探索与生命历程相统一，严格的基础与他后来的绘画创造的自由度形成有机联系。在他早期的写实里面是有层次的，是为了求真。后面关于意象和心象话题的时候，他从理性上是有可以把握的东西，有可以纵情的尺度，所以在他绘画里面就能够看到在表现上面，充盈而又多样。

孔令伟（中国美术学院艺术人文学院教授、副院长）：我觉得中国的油画至少在当年的浙江美院有这样一种气质，非常接近文人画的传统，黄宾虹背后所隐含的传统，它的特点是对艺术持有的一种开放的态度，古与今、中和西交织碰撞，不存在隔阂，就是要创造最好的艺术，还原自我和外部世界对话关系，在新的语境里去思考艺术、创作艺术，这是更纯粹的一种艺术上的关照。八十年代有一个所谓纯粹艺术，这都是同一个现象。这种思考也更符合油画本身的含义，油画在中国以前不叫油画，叫海西画法，洋画、西洋画，油画是一个中性概念，是一个材料的概念，让我们可以更多去思考艺术本身的问题。

陈天龙老师是求真的艺术家，生活上的真和艺术上的真。六十年代、七十年代大家都在画中国发生的事情，水库、工地、庄稼地，都在画。但是他画出来的画感觉不一样，他画一片荒芜土地，你可以感觉到盛夏暑气很盛的感觉，画一些渔村、画一些普普通通自然景象，给人的感觉不一样，他对生活的观察和理解，对现场经验的捕捉非常灵敏，这是他非常特殊的一点，他在求生活的真。没有任何夸张的色彩，没有意识形态上的束缚，始终没有这个束缚。他也在求艺术上的真。这种追求是一个拆解，对自然世界不断拆解，对自己内心世界、对自己的画面、对自己的技法在不断进行反思和拆解。他 2000 年以后的作品更加接近中国人对本真、天真，对自我性情的理解，笔墨的韵味我们都看出来，大写意的东西都出来了，这些都是他在不断追求和探索的证明。

吕澎（中国美术学院副教授、著名策展人）：我们在理解一个艺术家的时候一般有三个路径，第一个路径是历史，第二个路径是鉴赏，第三个路径是我们的悟性。今天时间有限，我只能从艺术史的角度来谈一谈对陈老师作品的看法。

从艺术史的角度来把握这个问题。五十年代为什么还有陈天龙这种画？陈老师采用简单的笔触画游行队伍，星星点点处理画面，我非常感动。还有包括自画像，包括今天更放得开的作品，我觉得三十年代和四十年代的艺术家可以成为我们研究一个特定历史转折时期艺术史的范本，我们过去不太注意这个部分，我们注意的是大起大落的或者运动高潮，海派是高潮，徐悲鸿是高潮，早期刘海粟、林风眠是高潮，1949 年以后红色经典是高潮，然后是改革开放的八五时期，在这之间的好几十年当中究竟有什么复杂性？我们觉得中国整个艺术很难简单从艺术鉴赏的角度去切入，一百多年来，甚至两百年前（还有一个部分，后年我有一个博物馆的巡展专门介绍十八世纪、十九世纪中国的油画），这么长时间以来我们始终处在冲突、矛盾、痛苦、压抑当中。在这个过程当中我们怎么能够简单切入一个所谓艺术鉴赏的问题，比方说徐悲鸿，徐悲鸿写实主义，

陈天龙《上班》1959 年

一方面说这是一个学院派，徐悲鸿引入整个文艺复兴以来的整个表现方法，这个非常重要。写实绘画让中国人能够正确判断我们眼睛所看到的事物，但是另一方面我们看到很多艺术家想表达内心世界，表达眼睛很难看到的世界，那个部分是精神、灵魂复杂性的充分表现。这个就是我对陈老师今天这个展览一个初步印象。

陈岸瑛（清华美术学院艺术史论系系主任、教授）：研讨会标题中有“中国油画”四个字，把“油”字去掉，便是“中国画”。在中国百余年的现代化进程中，油画和中国画这两个概念有沉重的历史负荷，承担着救亡图存、民族复兴等历史使命。身在历史之中，被历史裹挟，对艺术家来说有时是一种痛苦和折磨，而当不再受到历史关注的时候，又会感到几分失落。八五新潮时期，出现了行为、装置、影像等更为激进的艺术形式，绘画不再被看作体现“历史进步”的首要艺术形式，面临着“终结”的命运。二十世纪六十年代的美国纽约，随着各类新艺术形式的兴起，不少人认为绘画已死。二十世纪七十到八十年代，一些人提出“绘画复兴”的口号，与此相伴随的是美学的复归。历史终结以后，为绘画接盘的是美学。在中国情况也类似，架上绘画一般都回到注重个人情感体验的美学。与西方美学略有不同的是，中国美学经常用到意境、意象、心象等概念。

进入展厅后，从 1956 年到 1962 年的作品中，近距离感受新中国油画史上的一个重要段落，另一方面，也感受到二十世纪八十年代以来陈天龙先生在油画创作中对绘画性、对个性自由的追求，用他自己的话来说，就是从写实、意象到心象的自我解放过程。这个展览同时呈现了现代主义的两种状态，一个是进入历史，卷入与现实主义的二元对抗；另一个是退出历史，落入美学、文人艺术的怀抱。我们通过这个展览感受到的，不仅是一个在杭州、温州、中国发生的故事，它同时也指向了罗马尼亚、苏联的一段历史，甚至是纠结于“绘画复兴、美学复归”的西方艺术世界。在这个小小的展览中，包含广阔的时代，值得我们深思。

在当下如何重构判别艺术高下的标准，是一个重要而紧迫的问题。只要这样的标准还没建立起来，我们便无法对陈天龙先生后期画作形成确切的描述，也无法对落脚于个体审美的一切作品形成判断。就我个人的感受而言，陈天龙先生新世纪以来的大尺幅山水油画笔法精妙、气势恢宏，给人以很强的震撼，但我们却很难找到合适的词语对它们加以描述和界定。

金一德（著名画家、中国美术学院教授）：陈天龙从中国美院出来到温州，这个事情当时在我来想是祸，不是福，但现在看来也不能说祸，也不能说福。陈天龙到温州以后，我讲罗训班的十四个学员中他有三个第一，第一个出画册，九十年代台湾的朝代画廊给他出画册。他第一个到中国美术馆、上海美术馆展览。第三个第一，就是他建立以他命名的美术馆。所以这十四个学生里面有那么三个第一，已经很厉害了。所以刚才讲到他到了温州以后，是一种逆境，人家不理解他，外国专家培训，也没人跟他讨论，也没人跟他谈艺术方面的问题，处于极端孤独，而正是这个孤独状态帮了他的忙，他只能自己救自己，只能有强烈的自主意识，独立思考，正是这一点品质使得他无怨无悔地走到现在。所以我觉得他从学校走出来以后获得两个法宝，一个就是独立思考、自主意识。第二个，他在创作上获得了自由。艺术的一个很根本的问题就是能够获得自由。我自己在学校里，各种各方面条件来讲比陈天龙要好很多，但是我改革开放以后，就感觉自己是一个蜘蛛网里的昆虫，挣扎不出来，那个时候是大环境的影响，但是到了现在，我看陈天龙比我自由。我现在的不自由这个蜘蛛网是我作画的习惯，长期在学校里的束缚。

孙建平（天津美术学院教授、北京当代中国写意油画研究院副院长）：陈天龙先生是中国油画的第三代油画家，在他求学的上世纪五十年代正是苏联的“社会主义现实主义”一统天下，但由于之后的中苏交恶，政治上的束缚有所放松，也就有了六十年代的博巴油训班。博巴那种注重语言形式的艺术，使得陈天龙“有意无意”地走上这条与主流艺术相悖的道路，也可以说从此走上了一条坎坷、艰辛的艺术之路。我们知道第一代林风眠、吴大羽等油画先驱的文化理想，就是要把西方传进的油画，经过我们自己的消化、演变成

陈天龙《温州茶安寺》1956 年

陈天龙《黄日悬空》2012 年

为中国人自己的血液。由于中国特殊的政治文化环境，所以他们都不约而同付出相应的沉重代价。

在改革开放的年代里，形式美的探索从“潜流”重归画坛，得到了合法化。陈天龙也从被压抑的情感被释放了。从他自画像中看到他孤傲不群、看到他沉重的思考，在他画的风景画中看到了急于突破的苦涩凝滞的线条，在他画的花卉静物中看到他的不拘一格、奔放、恣意的色彩。陈老的晚年变法，越画越大胆，已然进入了一个自由自在的境界，并且他和中国老一代油画家一样，自觉地去实践他们的文化理想，努力把中华民族的传统精髓融汇进他们的艺术探索之中。

范达明（美术评论家）：朝代公司的这本《陈天龙油画集》出版于1997年1月，是他本人的第一本画集。我在文中提了一个概念：“学院派的根柢，野逸派的风味。”也就是文章标题。在他的油画作品中，画人极少，尽是野山野水，野花野草，是一种在野的在局外的自由自在之性。“野逸”的概念取自传统宋代画论之“黄家富贵，徐熙野逸”。“野逸”不是野蛮或粗野，接近“高逸”“放逸”的含义，有“以自鸣高者，多野逸”的说法。在中国画论尤其是文人画画论中属更高品第或品位。我在文中也举了一个例子，他六十年代在校期间年曾画过大场景油画《富春江畔》，画中那些吃草的花斑奶牛显得养尊处优，而到温州去以后画的全是田间耕作的水牛，再没画这类情态的奶牛了。我以这一案例视为他画风从学院派到野逸派转变的一个象征。人所处的外部环境变了，人的心境变了，所画的题材、所采用的技法手段也因之改变。这是他艺术上的重要变法。这个文章陈先生看了以后挺满意，还在温州的文史资料丛刊转载了。两年前浙大出版社出版我的“四十年集”《图像解读与发现》，也收录了此文。今天，我看到开馆展置于前面的他2019年的新作《山那边的好地方》以及此前的六幅《自画像》等作品，可以说他在那以后二十五年以来，在基本保持自己的野逸派风味风格的同时，又有了新的发展或变化——色彩上可以说到了差不多马蒂斯的“野兽派”境界了。而那些个《自画像》画得非常奔放，粗放的外轮廓线，有强调体面的，更有强化用线造型的。看这类作品，就像是一名行为艺术家在创作，虽然眼前看到的是画面定格的造型，但你更能觉到画面所包含的画家在作画中运笔用色的起承转合，有一个艺术的行为本身与过程在里面，从他的画面当中你能感受到他画画时的情绪与心情。无论是肖像还是风景或静物，其通过画面的形与色彩，不是非常抽象，也不是非常具象，中得心源与自我，正所谓“放怀心象”，因而内蕴极为丰富。这就是他的新风格。

陆琦（著名画家、杭州师范大学美术学院教授）：我想说三点：第一，我刚去他家里的时候他家里挂了几张画，他画他一岁的女儿侧面，睁着大眼睛。还有一张是台风来了的风景，温州经常有台风，他当时住的房子在顶楼有一个共用的阳台，他就在这个阳台上画云彩滚动的景象。那时候台风来了，大家都忙着关窗，他却跑到顶楼去画画，画得特别生动，具有风雨欲来的感人景象。他非常关注写生。他当时的口号是：举笔必写生。他关注的是周边生活和现场感，现场写生的那种感受。他喜欢和大自然融合，曾经有一段时间他在温州郊外的山上买了一个老宅，周边一大片土地是归他的，在老宅周边他种了很多果树、花木，还挖了一个游泳池，只是不太游泳，主要是养鱼。他在那里常常一住就是几个月，每天画周边的景物，我从杭州到温州都到他山上的老宅画画。记得上海温籍国画家林曦明也在他山居住过，他们谈艺论画，煮茶饮酒，还一同画了不少各自的作品。这里要说的是他特别主张“外师造化，中得心源”。

第二，他的艺术特点有一个非常重要的东西，这个可能刚才大家还没有谈到。他画每一张画都比较快，一幅画在什么时候停下来他都把握得特别准。他的作品有许多都有印象派中所说的“速涂”，但停下来都很完整，这个是他难能可贵的能力。我们在美术作品里一般讲“到位”这个词，他的作品每一幅都很“到位”，这个非常难得的。他有一张画取名《白路》，有一条路是白色的，旁边有许多黑色的房子，他告诉我这张画就画半个小时，就在他翠微山的居所的阳台上，对着楼下外边的路画的，那个阳台和路我也很熟悉，景色实际上很普通，而且他每天都见得到的，他就可以随意拿笔涂几下，就表现出非常完美和个性化的特征。后来这幅作品参加过很多展览，专业人士对这幅画无不赞叹！主要是他作品中的传递出那种形式语言的美感和“到位”。

第三，我想谈一下其“心象”作品，陈老师的后期作品具有半抽象的“心象”意味。他一直以来对中国绘画有所关注和研究，那时候他住公园路居所里，在房间正厅一直挂着一幅卢坤峰画的大幅毛竹作品，那幅毛竹是卢坤峰少见的探索性画法，有意不同于习惯的竹叶撇法，竹叶都含有折痕，应该属于“心象”性的毛竹。他从西方美术史的写生走向了中国美术史的体悟与“心象”，达到中西完美结合的境地。

陈琦（浙江万里学院设计艺术与建筑学院教授）：我所敬佩的陈天龙先生是一个智慧而坚毅的狠角色。他眼界开阔、才思敏捷，常激情洋溢、滔滔不绝，充满对艺术无倦无悔的真情挚意。先生因喜爱踏上了艺术之途，受教、修正的路径非常清晰，温州腹地有广阔的海疆，名山丽水遍及，地域的优越和历史的遗存赋予了画家诸多传统文化现代性的浸淫，意象、色情、节律、心境……这些东西方艺术精粹的基本要素，在他的作品中烂漫绽放，形成独具风姿的艺彩！六十多年过去了，如我们预期的，他是越走越矫健！贴近心象，唯美是图，出神入化，画艺越发精纯。他的艺术造诣，应着诗性美学的光谱：激越又冷峻，朴质显心性，凝练又具张力，恒定还出新，抵达本真、超逸、思辨、通汇相交糅的况境。他恪守的艺术格调，也是他对大面积流逝的文化风仪的虔诚、有益的修复。他像一块坚硬的磐石，在当代绘画领域醒目地站立，载入承前启后的序列。我们可以深刻感受到先生身上的超越性，在各种境况的折腾中不断地寻觅、自省、辨识，拒绝庸俗、陈腐、功利的交响，以澄澈的语汇写意生活经受的冷暖，勾连历史与现实的交集，形成可感的现场、细节的记忆、经验的空间、理想的形式、诗性的演升。他历尽沧桑依然乐观递进，不屈不挠地发出自己的语音，我们不难窥见其人格的刚性，折射出永不退却的硬汉光芒和魅力。

张成毕（中国美术家协会理事、浙江省美术家协会副主席、浙江省水彩画家协会副主席、温州美术家协会主席）：陈天龙老师是新中国培养的第一代油画家，他的存在，填补了温州油画的空白，也让一代代的青年画家有了追赶和超越的方向。记得陈天龙老师的八十岁艺术回顾展在温州博物馆举办，开启了温州美术界个人展览的里程碑，各个县（市、区）赶过来的参展人员挤满了展馆，这是以往展览从未有过的。观众反响强烈，我想吸引他们的是陈老师独特的绘画艺术魅力。他从现实中来，又超脱出去。正如陈老师自己所评价的那样，他的绘画从写真、写实一路演变，到半抽象、半具象，一直到现在的不拘常理、不守常法，乃至悖于规律，可谓从具象、意象，到心象。这样的演变，也正反映了陈老师的另一种精神：求新求变。

张晓剑（温州大学美术学院副教授，浙江省艺术学理论学会常务理事）：〇几年在某个展览上偶遇陈老师，当时谈到油画的世界性和民族性，记得陈老师说：在艺术标准上，艺术就是艺术，而不是简单分国别来讨论。这么多年来，他虽然身在远离学术中心的温州，但在艺术上一直有大气象、大追求，就跟他的名字一样，天龙，天上飞的龙，在艺术上一直怀抱"青云之志"，而且不管环境如何，"不坠青云之志"。我们看他六十年代的作品，就已经有超乎时代的意识和个人志向。该如何理解他这点？刚才孔令伟老师强调陈老师在两个层面上的"求真"，我认为还可以用"本真性"来概括陈老师的艺术态度：追求再现生活之本真，也追求表现个人之本真。对陈老师而言，艺术的准则、原则是第一位的，而世俗生活的原则不是。

最后我想说，陈老师是进入新中国油画历史的人物，他的创作在今天依然是我们思考架上画当代境况、中西关系、个人与传统关系，乃至心与象关系这类理论问题的一个范例。很希望温州市政府、温州肯恩大学好好谋划与开发这个美术馆，把它做成展示与研究陈老师艺术，乃至研究中国现代美术的高地，做成吸引专家学者、艺术爱好者的文化地标。相信届时一定会带来意想不到的文化效应、社会效应。

封治国（中国美术学院油画系主任）：陈老师各个时期确实总会有几张溢出时代的作品，尤其是那张创作于1962年的《河边的小孩》，几乎所有人看了都被那张画惊呆，在1962年，那时未必能够看得到塞尚的作品，哪怕是印刷品。所以不知博巴当年是否为罗训班的同学介绍过他。陈老师的这件作品无论是画面的结构意识、造型意识，都与塞尚的绘画有精神的共同之处，那张画未必是他看到塞尚原作的结果，也许是某种精神上的契合，这在那个年代极为难得，也极为罕见。

陈天龙老师作为博巴班的班长，博巴班的教学对他一生的创作都产生了深刻的影响。博巴班教学里面最为核心的东西，在我的理解就是两个词——“结构”与“表现”。尽管陈天龙老师的绘画探索已经走得很远，但是结构两个字仍牢牢贯穿于作品当中，风筝不断线，他用这根线支撑自己。

我觉得，学术界很需要以比较研究的视角去看待这两个班的得失。简单的“扬马抑罗”或者“扬罗抑马”,都不是科学的态度。我想，我们今天在座的很多老师和专家，完全可以借助陈天龙老师这个有意思的个案，把他还原到中国艺术教育发展的背景中。

杨振宇（主持人，中国美术学院艺术人文学院院长、中国油画学会理事、浙江省文艺评论家协会副主席）：今天的讨论会（参会人员）的确是老中青几代，研讨发言的风格也多种多样，不同文体表达都有，让人多有启发。虽然限于时间，很多发言只是灵光片羽，没有充分展开，但是我们有速记，后面可以继续完善。我们有机会聚在这里讨论，这一切的缘起都来自陈老师和他的创作。

陈老师常说，我们不是要逃避什么，而是要提醒自己如何面对各种各样涌来的难题与挑战，进而把握住它。所以，艺术家在画画的时候，其实也是一场战争。陈老师的画面，在我看来简直就是一场极其疯狂的战争。通过这种画面处理的战争，他表达出自己的世界。这也是他的画面能够给我们带来震撼感和丰富性的原因所在。

我们需要去思考的问题就是，一个艺术家怎么可以既跟时代有这么一个内在的关系和对话，同时更关键的是，他的艺术创作又可以超越这个时代？我记得陈老师自己是很有意识地思考这个问题。他曾用把“艺术技巧”“艺术技法”这个词语简化为“艺技”。他一边绘画一边思考，如何在一笔笔下去展开这些油画“艺技”的同时，能够找到中间永恒性的一面？这个绘画作品是短暂的、当下的，但我如何在里面能够把握“艺技”当中所包含的永恒性，恰恰是这个永恒性的体验让一个艺术家得以超越当下。我想，这也是蔡元培所讲的艺术为什么能够代替宗教，“以美育代宗教”的理念，因为在艺术的创作里面的确能够给你带来这样一个超验世界的感受。

最后，请陈天龙老师给这次研讨会和展览的举行再讲几句话。

陈天龙（油画家）：今天在这儿，我内心非常激动。激动的是什么？这个研讨场景让我看到，大家都是追求艺术，追求学问，追求宝贵的人生！

大家共知我惯于洗冷水澡，而刚才大家给我洗了个“温水澡”，很温暖。青少年时我就以郑板桥的四句诗为座右铭：“咬定青山不放松，立根原在破岩中。千磨万击还坚劲，任尔东西南北风。”我的人生就是这么个人生！感谢大家，感谢热爱艺术的人，感谢挚爱我的人！

图书在版编目（CIP）数据

温州市文史研究馆馆刊 . 第二集 / 温州市文史研究馆编 . -- 上海 : 文汇出版社 , 2022.2

ISBN 978-7-5496-3711-9

Ⅰ . ①温… Ⅱ . ①温… Ⅲ . ①文史资料—温州—丛刊
Ⅳ . ① K295.53-55

中国版本图书馆 CIP 数据核字 (2022) 第 015163 号

温州市文史研究馆馆刊

第二集

编　　者　温州市文史研究馆
责任编辑　苏　菲
装帧设计　何天健
排版制作　胡文胜

出 版 人　周伯军

出版发行　文匯出版社
　　　　　上海市威海路 755 号（邮政编码 200041）
经　　销　全国新华书店
印刷装订　温州今日印刷有限公司
版　　次　2022 年 2 月第 1 版
印　　次　2022 年 2 月第 1 次印刷
开　　本　787×1092　1/16
字　　数　15.5 千字
印　　张　13.25

书　　号　ISBN 978-7-5496-3711-9
定　　价　68.00 元